Mara Linke

Socken stricken schnell und einfach

Mara Linke

Socken stricken schnell und einfach

Mit neuen Materialien und Formen

AUGUSTUS

Inhalt

Tolle Socken für die ganze Familie

Sie passen perfekt, sind bequem, pflegeleicht und strapazierfähig – wer einmal selbst gestrickte Socken getragen hat, möchte nicht mehr auf diesen Komfort verzichten. Während Großmutter meist ganz klassisch glatt rechts oder im Rippenmuster strickte, kommen heute luftige Lochmuster, plastische Zöpfe, Struktur- und Jacquardmuster zum Einsatz. Viel Spaß macht dabei auch das Experimentieren mit Mustern: Schmale Zöpfe sehen gut zu kleinen Loch- und Strukturmustern aus, Ringel können perfekt mit farblich passenden Jacquardbordüren kombiniert werden. Und wer lieber glatt rechts strickt, kann den Socken mit Stickereien die persönliche Note geben.

Wenn Sie Ihre erste Socke in Angriff nehmen, sollten Sie ein einfaches Muster wählen und nach der Grundanleitung arbeiten. Keine Angst vor der Ferse – nach der ersten Socke haben Sie garantiert auch dafür den Bogen raus und brauchen nur von Zeit zu Zeit noch auf die Tabellen zu sehen, in denen alle wichtigen Maschen- und Reihen- bzw. Rundenangaben aufgelistet sind.

Bei einfarbigen Socken bis etwa Größe 42/43 reichen meist 100 g für ein Paar. Das Problem: Man weiß nie genau, wie lang der Schaft sein darf, damit man auch wirklich mit einem Knäuel pro Socke auskommt. Beginnen Sie die Socken doch einmal an der Spitze, dann kann der Schaft so lang gestrickt werden, wie das Garn reicht, und beide Socken werden ohne viel Rundenzählerei gleich lang.

Vor allem aber können Sie beim Sockenstricken in Farben schwelgen. Immerhin gibt es etwa 200 verschiedene einfarbige, melierte und bedruckte Sockengarne! Hier haben Sie die schöne Qual der Wahl.

Ich wünsche Ihnen nun viel Vergnügen beim Stricken!

Mara Linke

Grundlegendes

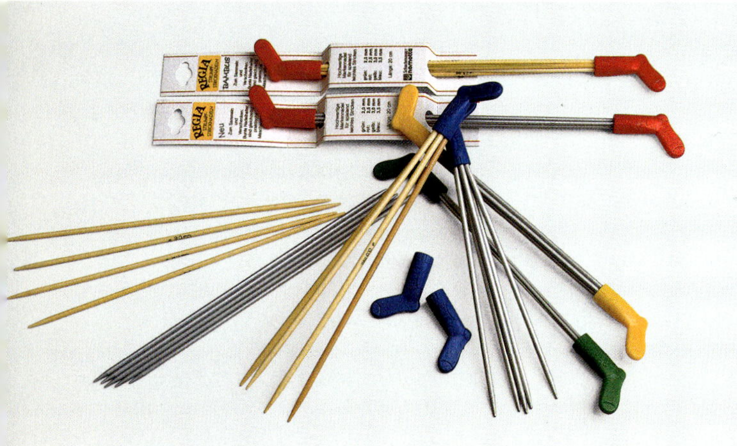

Garn

Da Socken stark strapaziert und häufig gewaschen werden, sollte das Garn robust und gleichzeitig hautfreundlich sein. Achten Sie bei der Auswahl auf Qualität.

Die in diesem Buch vorgestellten Socken wurden alle aus Regia-Strumpfgarn gestrickt. Dieses gibt es in verschiedenen Stärken und Materialzusammensetzungen. Alle Garne sind waschmaschinenfest bis 40 °C; sie bestehen aus 75% Schurwolle (superwash-ausgerüstet) und 25% Polyamid.

Regia 4fädig hat eine Lauflänge von ca. 210 m/50 g und ist geeignet für Nadelstärke Nr. 2 bis 3.

Regia 6fädig hat eine Lauflänge von ca. 125 m/50 g und ist geeignet für Nadelstärke Nr. 3 bis 4.

Regia 8fädig hat eine Lauflänge von ca. 100 m/50 g und ist geeignet für Nadelstärke Nr. 4 bis 5. Anstelle von *Regia 8fädig* können Sie auch 2 Fäden *Regia 4fädig* zusammen verarbeiten.

Regia plus Cotton (38% Schurwolle, 37% Baumwolle, 25% Polyamid, Lauflänge 225 m/50 g) ist besonders geeignet für leichte Sommersocken und wird wie *Regia 4fädig* mit Nadelstärke Nr. 2 bis 3 verarbeitet.

Farben

Alle Garne gibt es in vielen verschiedenen Farben. So können die Socken perfekt Ihrer Garderobe angepasst werden oder auch, besonders bei Kindersocken, einen schönen Kontrast setzen. Wenn Sie die Socken in der abgebildeten Farbe stricken möchten, achten Sie bitte auf die Farbnummer.

Nadelspiele

Stricknadeln sind in verschiedenen Ausführungen erhältlich: Die beschichteten Metallnadeln gibt es in vielen Stärken, einige davon auch in 2 Längen (15 cm und 20 cm). Für Allergiker besonders geeignet sind Holz- oder Bambusnadeln.

Maschenprobe und Nadelstärke

Die Angaben in den Stricktabellen gehen immer von den im Buch angegebenen Maschenproben aus. Deshalb sollten Sie vor dem Stricken der ersten Socke auf jeden Fall eine Maschenprobe machen. Weicht Ihre Maschenprobe von der im Buch angegebenen ab, müssen Sie die Nadelstärke entsprechend anpassen: Wenn Sie zu fest stricken, also mehr Maschen und Reihen zählen, verwenden Sie dickere Nadeln; stricken Sie zu locker, verwenden Sie bitte dünnere Nadeln.

Wenn Sie später Socken „am laufenden Band" produzieren, können Sie sich immer an dieser ersten Maschenprobe orientieren.

Die erste Socke

Wenn Sie sich zum ersten Mal an das Stricken von Socken wagen, sehen Sie sich bitte zunächst das Kapitel „Socken stricken – leicht gemacht" an. Dort sind alle Arbeitsschritte ausführlich erklärt und bebildert. Alle abweichenden Angaben sowie Musterbeschreibungen und -zeichnungen finden Sie in den folgenden Anleitungen.

Die Strickart der Ferse ist in den Anleitungen nicht weiter erwähnt. Bei allen Socken können Sie die von Ihnen gewünschte Technik, einfache oder verstärkte Ferse oder auch verkürzte Reihen, arbeiten.

Auf Abkürzungen wurde weitgehend verzichtet; Ausnahmen sind:

Fb = Nummer der verwendeten Farbe, M = Masche oder Maschen sowie R = Reihe oder Reihen.

Noch ein Tipp: Beim Übergang von einer Nadel zur anderen entstehen leicht kleine Löcher. Diese können Sie vermeiden, indem Sie die ersten 2 Maschen jeder Nadel besonders fest stricken.

Socken stricken – leicht gemacht
Zwickel, Ferse & Co.

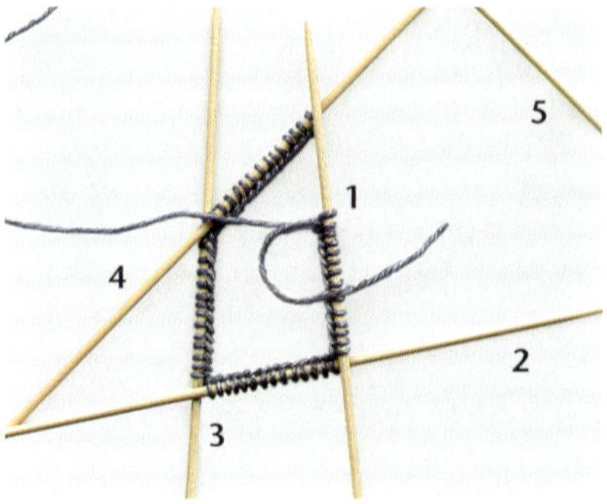

Die M werden beim **Anschlag** gleichmäßig oder nach Angabe in der Anleitung auf die 4 Nadeln des Nadelspiels verteilt. Rundenwechsel ist in der rückwärtigen Mitte, also zwischen der 4. und 1. Nadel. Diese Stelle ist auch durch den Anschlagfaden gekennzeichnet.

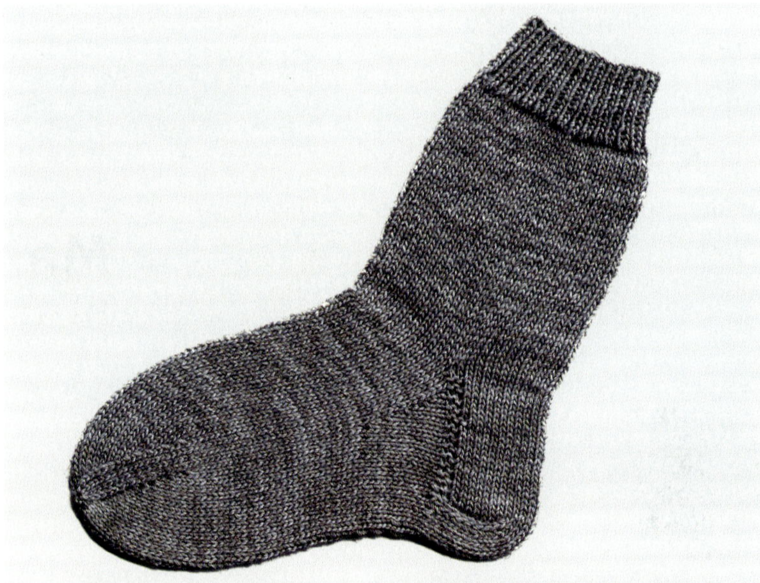

Der **Schaft** wird in Runden gearbeitet. Man kann einige Zentimeter Bündchen im Rippenmuster (z. B. 1 M rechts, 1 M links oder 2 M rechts, 2 M links) stricken. Durch den Wechsel von rechten und linken M erhält das Bündchen Elastizität. Sie können den Schaft nun komplett im Rippenmuster, glatt rechts oder mit Muster weiterstricken. Bei manchen Mustern kann es erforderlich sein, M zu- oder abzunehmen.

Ferse: Wenn Sie den Schaft bis zur gewünschten Höhe gestrickt haben, arbeiten Sie die Ferse. Über die M der 4. und der 1. Nadel (die Nadeln vor und nach dem Rundenwechsel) wird nun in Hin- und RückR gestrickt. Häufig werden die ersten und letzten 2 bis 3 M kraus gestrickt. Die dabei entstehenden Rippen erleichtern das Zählen der R. Die M der beiden anderen Nadeln ruhen.

Verstärkte Fersenwand: Auch hier können die beiden äußeren M kraus rechts gestrickt werden, über den mittleren M wie folgt stricken:

1. R: * 1 M rechts, 1 M rechts abheben, der Faden liegt hinter der M, ab * wiederholen.
2. R: Links stricken.
3. R: * 1 M rechts abheben, der Faden liegt hinter der Arbeit, 1 M rechts, ab * wiederholen.
4. R: Links stricken.

Die 1. bis 4. R wiederholen, bis die erforderliche Höhe erreicht ist.

Für das dreiteilige **Fersenkäppchen** werden die Fersen-M, wie in der Tabelle unter „M-Zahl für das Käppchen" angegeben, in 3 Teile geteilt. In der nächsten Hinr wird bis vor die letzte M des mittleren Teils rechts gestrickt. * Die letzte Käppchen-M wie zum Rechtsstricken abheben, die nächste M des Außenteils rechts stricken, die abgehobene Käppchen-M darüber ziehen und wenden. Die 1. Käppchen-M links abheben (der Faden ist vor der M) und alle M bis auf die letzte Käppchen-M links stricken. Diese letzte M nun mit der folgenden M des Außenteils links zusammenstricken, wenden. Die 1. Käppchen-M links abheben (der Faden ist hinter der M) und alle Käppchen-M bis auf die letzte M rechts stricken. Diese Abnahmen ab * wiederholen, bis alle seitlichen M aufgebraucht und nur noch die Käppchen-M übrig sind.

Nun wird wieder in Runden über alle M rechts gearbeitet. Die Käppchen-M stricken, dabei die M gleichmäßig auf 2 Nadeln (die 4. und die 1. Nadel) verteilen und mit der 1. Nadel aus jeder Rand-M des Fersenrands (1 M aus 2 Fersenr) 1 M und aus dem Querfaden zwischen der 1. und 2. Nadel 1 M rechts verschränkt aufnehmen (siehe Tabelle). Nun die M der 2. und 3. Nadel (Fußoberseite) stricken. Aus dem Querfaden zwischen der 3. und 4. Nadel 1 M rechts verschränkt, dann aus jeder Rand-M wieder 1 M herausstricken und die restlichen M stricken. Auf der 1. und 4. Nadel sind nun mehr M als auf den Nadeln 2 und 3.

Diese zusätzlichen M werden für den **Zwickel** (auch Spickel genannt) wieder abgenommen. Für die Zwickelabnahmen in der folgenden 3. Runde bei der 1. Nadel die 2. und 3. letzte M rechts zusammenstricken, die letzte M rechts stricken; bei der 4. Nadel die 1. M rechts stricken, die 2. M rechts abheben, die 3. M rechts stricken und die abgehobene M überziehen. Diese Abnahmen in jeder 3. Runde wiederholen, bis auf allen 4 Nadeln wieder gleich viele M vorhanden sind.

Nun den **Fuß** in der in der Tabelle angegebenen Länge arbeiten, bei Mustersocken dabei eventuell über die M der 2. und 3. Nadel weiter im entsprechenden Muster, über die M der 1. und 4. Nadel rechts stricken. Dann mit der Bandspitze beginnen.

Für die **Bandspitze** bei der 1. und bei der 3. Nadel bis 3 M vor Ende der Nadel stricken, dann 2 M rechts zusammenstricken, die letzte M rechts stricken. Bei der 2. und bei der 4. Nadel die 1. M rechts stricken, die folgende M rechts abheben, 1 M rechts stricken, die abgehobene M überziehen. Die Abnahmen in jeder 3., 2., dann in jeder Runde wiederholen, bis noch insgesamt 8 M auf den Nadeln sind (siehe Tabelle). Diese M mit doppeltem Faden fest zusammenziehen oder die M der seitlichen Bänder im Maschenstich verbinden.

Stricktabellen für alle Sockengrößen

Regia 4fädig bzw. Sockengarn mit einer Lauflänge von 210 m/50 g

Größe	22/23	24/25	26/27	28/29	30/31	32/33	34/35	36/37	38/39	40/41	42/43	44/45	46/47
M-Anschlag/M-Zahl je Nadel	44/11	48/12	48/12	52/13	52/13	56/14	56/14	60/15	60/15	64/16	64/16	68/17	72/18
M-Zahl für Fersenbreite	22	24	24	26	26	28	28	30	30	32	32	34	36
Fersenhöhe in R	20	22	22	24	24	26	26	28	28	30	30	32	34
M-Zahl für das Käppchen	7/8/7	8/8/8	8/8/8	8/10/8	8/10/8	9/10/9	9/10/9	10/10/10	10/10/10	10/12/10	10/12/10	11/12/11	12/12/12
Beidseitige M-Aufnahme	11	12	12	13	13	14	14	15	15	16	16	17	18
Fußlänge von Fersenmitte bis Spitze in cm	11,5	12,5	14	14	15,5	17	18	18,5	20	21	22	22,5	24
Abnahme für Bandspitze nach der 1. Abnahme in der 4. Runde								1x	1x	1x	1x	1x	1x
in jeder 3. Runde	1x	1x	1x	2x	2x	2x	2x	2x	2x	2x	2x	2x	2x
in jeder 2. Runde	3x	3x	3x	3x	3x	3x	3x	3x	3x	3x	3x	4x	4x
in jeder Runde	4x	5x	5x	5x	5x	6x	6x	6x	6x	7x	7x	7x	8x
gesamte Fußlänge in cm	14,5	15,5	17	18	19,5	21	22	23,5	25	26,5	27,5	28,5	30

Regia 6fädig bzw. Sockengarn mit einer Lauflänge von ca. 125 m/50 g

Größe	22/23	24/25	26/27	28/29	30/31	32/33	34/35	36/37	38/39	40/41	42/43	44/45	46/47
M-Anschlag/M-Zahl je Nadel	32/8	36/9	36/9	40/10	40/10	44/11	44/11	48/12	48/12	52/13	52/13	56/14	56/14
M-Zahl für Fersenbreite	16	18	18	20	20	22	22	24	24	26	26	28	28
Fersenhöhe in R	14	16	16	18	18	20	20	22	22	24	24	26	26
M-Zahl für das Käppchen	5/6/5	6/6/6	6/6/6	6/8/6	6/8/6	7/8/7	7/8/7	8/8/8	8/8/8	8/10/8	8/10/8	9/10/9	9/10/9
Beidseitige M-Aufnahme	8	9	9	10	10	11	11	12	12	13	13	14	14
Fußlänge von Fersenmitte bis Spitze in cm	12	12	13,5	14	15	16,5	17	18	20	21,5	22,5	23	24,5
Abnahme für Bandspitze nach der 1. Abnahme in der 3. Runde								1x	1x	1x	1x	1x	1x
in jeder 2. Runde	2x	3x	3x	3x	3x	4x	4x	4x	4x	4x	4x	4x	4x
in jeder Runde	3x	3x	3x	4x	4x	4x	4x	4x	4x	5x	5x	6x	6x
gesamte Fußlänge in cm	14,5	15,5	17	18	19,5	21	22	23,5	25	26,5	27,5	28,5	30

Regia 8fädig bzw. Sockengarn mit einer Lauflänge von ca. 100 m/50 g oder 2 Fäden Regia 4fädig

Größe	32/33	34/35	36/37	38/39	40/41	42/43	44/45	46/47
M-Anschlag/M-Zahl je Nadel	40/10	40/10	44/11	44/11	48/12	48/12	52/13	52/13
M-Zahl für Fersenbreite	20	20	22	22	24	24	26	26
Fersenhöhe in R	18	18	20	20	22	22	24	24
M-Zahl für das Käppchen	6/8/6	6/8/6	7/8/7	7/8/7	8/8/8	8/8/8	8/10/8	8/10/8
Beidseitige M-Aufnahme	10	10	11	11	12	12	13	13
Fußlänge von Fersenmitte bis Spitze in cm	17	18	19	20,5	21,5	22,5	23	24,5
Abnahme für Bandspitze nach der 1. Abnahme in der 3. Runde	1x	1x	1x	1x	1x	1x	1x	1x
in jeder 2. Runde	3x	3x	3x	3x	4x	4x	4x	4x
in jeder Runde	3x	3x	4x	4x	4x	4x	5x	5x
gesamte Fußlänge in cm	21	22	23,5	25	26,5	27,5	28,5	30

Tipp: In den Tabellen finden Sie alle Angaben, die eine gute Passform für die jeweilige Fußgröße garantieren. Sie können auch mit kleinen Änderungen auf die Besonderheiten der Füße eingehen: Bei sehr hoher Ferse zum Beispiel können Sie für die Fersenwand einige R mehr stricken, bei einem hohen Spann die Zwickelabnahmen statt in jeder 3. Runde in jeder 4. Runde arbeiten.

Ferse mit verkürzten Reihen und doppelten Maschen

Diese Ferse wird in R glatt rechts über die M der 1. und der 4. Nadel gestrickt. Arbeiten Sie den Schaft wie angegeben. Da Fersen mit verkürzten R kürzer sind als solche mit Fersenwand und Käppchen, stricken Sie bei Strukturmustern ca. 1 bis 2 cm vor Schaftende weiter in Runden über die M der 1. und 4. Nadel glatt rechts, über die Maschen der 2. und 3. Nadel weiter das Schaftmuster. Auch hier werden dabei, wenn es musterbedingt (z. B. bei Zopfmustern) nötig ist, überzählige M der 1. und 4. Nadel in der 1. Runde abgenommen.
Wie beim dreiteiligen Käppchen teilen Sie die Fersen-M in 3 Teile (siehe Tabelle). Danach werden über die M der Außenteile und über die jeweils äußere M des mittleren Drittels die verkürzten R mit den doppelten M gearbeitet.

Bei dieser Ferse wird kein Zwickel gestrickt.

1. R (Hinr): Alle M rechts stricken, wenden.

2. R (Rückr): Den Faden vor die Arbeit legen, dann die doppelte M arbeiten: Von rechts in die 1. M einstechen, dann M und Faden zusammen links abheben, den Faden sehr fest nach hinten ziehen. Dabei wird die M über die Nadel gezogen und liegt doppelt. Wird der Faden nicht fest genug angezogen, entstehen später Löcher. Alle übrigen M links stricken, wenden.

3. R: Den Faden vor die Arbeit legen, dann die doppelte M arbeiten. Nun alle M bis zur doppelten M am R-Ende rechts stricken (die doppelte M bleibt ungestrickt), wenden.

4. R: Den Faden vor die Arbeit legen, dann die doppelte M arbeiten und wieder bis vor die doppelte M links stricken, wenden.
Die 3. und 4. R nun stets wiederholen, bis die letzten doppelten M mit den äußeren M des mittleren Drittels der Fersen-M gearbeitet sind.
Nun 2 Runden über alle M, über den Fersen-M rechts stricken, über den M der 2. und 3. Nadel im Schaftmuster. Dabei in der 1. Runde bei den doppelten M beide M-Teile zugleich erfassen und als 1 M zusammen rechts abstricken.
Nach den 2 Runden wieder verkürzte R mit doppelten M stricken:

1. R (Hinr): Die M des mittleren Drittels rechts stricken, wenden.

2. R (Rückr): Den Faden vor die Arbeit legen, dann die doppelte M arbeiten. Nun links bis einschließlich der letzten M des mittleren Drittels zurückstricken, wenden.

3. R: Den Faden vor die Arbeit legen, dann die doppelte M arbeiten. Nun rechts bis zur doppelten M stricken, bei dieser M beide M-Teile rechts zusammenstricken, die folgende M stricken und wenden.

4. R: Den Faden vor die Arbeit legen, dann die doppelte M arbeiten. Nun links bis zur doppelten M stricken, bei dieser M beide M-Teile links zusammenstricken, die folgende M stricken und wenden.
Die 3. und 4. R wiederholen, bis auch über den äußeren Fersen-M eine doppelte M gestrickt wurde. Nach der letzten Rückr (in der folgenden R bzw. dem Rundenanfang wird noch einmal 1 doppelte M gearbeitet) in Runden weiterarbeiten, dabei in der 1. Runde bei der doppelten M beide M-Teile rechts zusammenstricken.

Dann Fuß und Bandspitze arbeiten.

An der Spitze begonnene Socke

Reichen 50 g Garn für eine Socke? Diese Frage stellt sich, wenn man Socken am Schaft beginnt. Socken können aber auch am anderen Ende – nämlich an der Spitze – begonnen werden. Bei dieser Strickart können Sie dann den Schaft so lang stricken, wie das Knäuel reicht …
Besonders geeignet ist das „Verkehrt-Stricken“ deshalb hauptsächlich für einfarbige Socken. Bei Socken mit Musterrapport sollte ein Rapport in der Höhe beendet, das restliche Garn kann dann im Bündchenmuster verarbeitet werden.

Die Sohle wird über die M der 1. und 4. Nadel, die Fußoberseite über die M der 2. und 3. Nadel gestrickt. Rundenwechsel ist in der Sohlenmitte.
Alle erforderlichen Angaben stehen in den Größentabellen für Socken. Jedoch müssen die Tabellen von unten nach oben gelesen werden, und für die Spitze werden anstelle von Abnahmen Zunahmen gearbeitet.

Für die Spitze 8 M anschlagen, diese M auf 4 Nadeln verteilen und die Spitze glatt rechts stricken.
In der 2. Runde mit den Zunahmen beginnen: Bei der 1. Nadel bis vor die letzte M stricken, dann 1 M rechts verschränkt aus dem Querfaden stricken und die letzte M rechts stricken. Bei der 2. Nadel die 1. M rechts stricken, dann 1 M rechts verschränkt aus dem Querfaden stricken. Bei der 3. Nadel wie bei der 1. Nadel und bei der 4. Nadel wie bei der 2. Nadel je 1 M zunehmen. Diese Zunahmen, wie in den Tabellen unter „Abnahme für Bandspitze“ angegeben, in jeder Runde, dann in jeder 2. Runde, in jeder 3. Runde und bei Regia 4fädig noch in der folgenden 4. Runde wiederholen, bis die erforderliche M-Zahl erreicht ist, wie unter „M-Anschlag, M-Zahl je Nadel“ angegeben.

Weiter für den Fuß über alle M glatt rechts oder über die M der 1. und 4. Nadel glatt rechts und über die M der 2. und 3. Nadel im entsprechenden Muster stricken, bis die „Fußlänge von Fersenmitte bis Spitze“ erreicht ist. Achten Sie hier darauf, ob für ein Muster M zugenommen werden müssen.

Nun über die M der 1. und 4. Nadel eine Ferse mit verkürzten R und doppelten M wie beschrieben arbeiten. Die M der 2. und 3. Nadel werden stillgelegt. Die Fersen-M werden in 3 Teile geteilt, siehe Tabelle „M-Zahl für das Käppchen“. Danach den Schaft arbeiten, bei Mustersocken eventuell M zunehmen.

Als Abschluss wird in vielen Fällen ein Rippenmuster gearbeitet, z. B. 1 M rechts, 1 M links im Wechsel. Für einen besonders elastischen Rand ist es empfehlenswert, die M nicht abzuketten, sondern abzunähen.

Dafür 4 Runden wie folgt arbeiten:
1. Runde: Alle rechten M rechts stricken und die linken M links abheben, der Faden liegt vor der M.
2. Runde: Alle linken M links stricken und die rechten M links abheben, der Faden liegt hinter der M.
Die 1. und 2. Runde noch 1x wiederholen. Danach die M abschnittsweise auf jeweils 2 dünnere Hilfsnadeln verteilen, die 1. Nadel liegt vor der 2. Nadel: abwechselnd die rechten M auf die 1. Hilfsnadel und die linken M auf die 2. Hilfsnadel heben. Nun die M beider Nadeln mit Maschenstichen verbinden.

Warm und rustikal

Socken mit Rhombenmuster

Größe 34/35

Material: Regia 8fädig, 150 g in Natur Fb 1992.
1 Nadelspiel Nr. 4 bis 5.

Rhombenmuster: M-Zahl teilbar durch 8. Siehe Schema. Es sind nur die ungeraden Runden gezeichnet, in den geraden Runden die M stricken, wie sie erscheinen.
Die 1. bis 22. Runde wiederholen.
Achtung: In der 13. Runde und in der 17. Runde am Anfang der 1. Nadel 2 M rechts stricken, diese M mit den letzten 2 M der 4. Nadel verkreuzen.

Glatt rechts: Hinr rechte M, Rückr linke M, in Runden nur rechte M.

Maschenprobe: Glatt rechts 20 M und 28 R bzw. Runden = 10 x 10 cm.

Anleitung
48 M anschlagen und im Rhombenmuster arbeiten, den Rapport von 8 M 6x wiederholen.
In 16 cm Höhe die Ferse stricken.
Für den Fuß über die M der 2. und 3. Nadel im Grundmuster, über die M der 1. und 4. Nadel glatt rechts stricken. Die Spitze glatt rechts stricken.
Beide Socken gleich arbeiten.

Schema für das Rhombenmuster

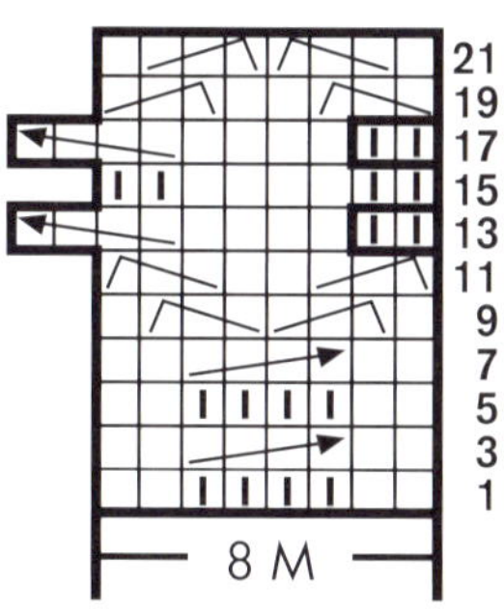

Zeichenerklärung

= 1 M rechts
= 1 M links
= 2 M mit einer Hilfsnadel vor die Arbeit legen, 1 M links, dann die M der Hilfsnadel rechts stricken
= 1 M mit einer Hilfsnadel hinter die Arbeit legen, 2 M rechts, dann die M der Hilfsnadel links stricken
= 2 M mit einer Hilfsnadel vor die Arbeit legen, 2 M rechts, dann die M der Hilfsnadel rechts stricken
= 2 M mit einer Hilfsnadel hinter die Arbeit legen, 2 M rechts, dann die M der Hilfsnadel rechts stricken

Socken mit Zackenmuster

Größe 42/43

Material: Regia 8fädig, 200 g in Natur Fb 1992.
1 Nadelspiel Nr. 4 bis 5.

Zackenmuster: M-Zahl teilbar durch 28. Siehe Schema. Es ist jede Runde gezeichnet. Für das Bündchen die 1. bis 4. Runde 2x stricken, dann die 5. bis 8. bzw. die 5. bis 14. Runde stets wiederholen.

Glatt rechts: Hinr rechte M, Rückr linke M, in Runden nur rechte M.

Maschenprobe: Glatt rechts 20 M und 28 R bzw. Runden = 10 x 10 cm.

Anleitung
56 M anschlagen und im Zackenmuster stricken, den Rapport von 28 M 1x wiederholen.
In 21 cm Höhe die Ferse stricken. Für den Fuß über die M der 2. und 3. Nadel im Zackenmuster, über die M der 1. und 4. Nadel glatt rechts stricken. Die Spitze glatt rechts stricken.
Beide Socken gleich arbeiten.

Schema für das Zackenmuster

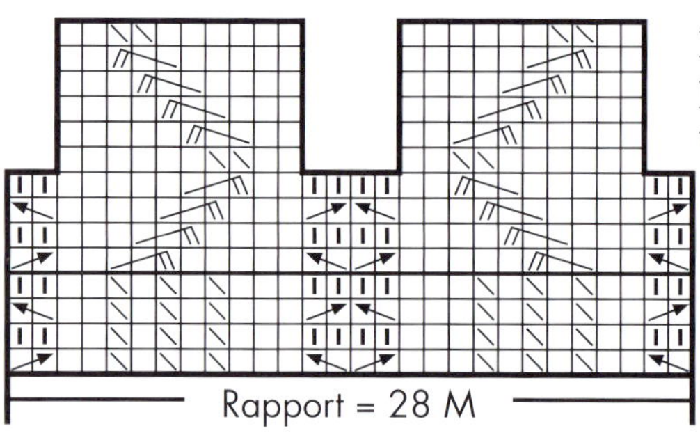

Zeichenerklärung

= 1 M rechts
= 1 M rechts verschränkt
= 1 M links
= 1 M mit einer Hilfsnadel vor die Arbeit legen, 1 M rechts, dann die M der Hilfsnadel rechts stricken
= 1 M mit einer Hilfsnadel hinter die Arbeit legen, 1 M rechts, dann die M der Hilfsnadel rechts stricken
= 2 M mit einer Hilfsnadel vor die Arbeit legen, 1 M links, dann die M der Hilfsnadel rechts verschränkt stricken
= 1 M mit einer Hilfsnadel hinter die Arbeit legen, 2 M rechts verschränkt, dann die M der Hilfsnadel links stricken

Socken mit Wabenmuster

Größe 38/39

Material: Regia 8fädig, 200 g in Natur Fb 1992.
1 Nadelspiel Nr. 4 bis 5.

Bündchenmuster: 2 M rechts, 2 M links im Wechsel stricken.

Wabenmuster: M-Zahl teilbar durch 28. Siehe Schema. Es sind nur die ungeraden Runden gezeichnet, in den geraden Runden die M stricken, wie sie erscheinen.
Die 1. bis 12. Runde stets wiederholen.

Glatt rechts: Hinr rechte M, Rückr linke M, in Runden nur rechte M.

Maschenprobe: Glatt rechts 20 M und 28 R bzw. Runden = 10 x 10 cm.

Anleitung
44 M anschlagen und 12 cm im Bündchenmuster stricken. In der letzten Runde verteilt 12 M zunehmen = 56 M bzw. 14 M pro Nadel.
Dann im Wabenmuster arbeiten, den Rapport von 28 M 1x wiederholen.
In 29 cm Höhe die Ferse stricken. Für den Fuß über die M der 2. und 3. Nadel im Wabenmuster, über die M der 1. und 4. Nadel glatt rechts stricken. Die Spitze glatt rechts stricken.
Beide Socken gleich arbeiten.

Schema für das Wabenmuster

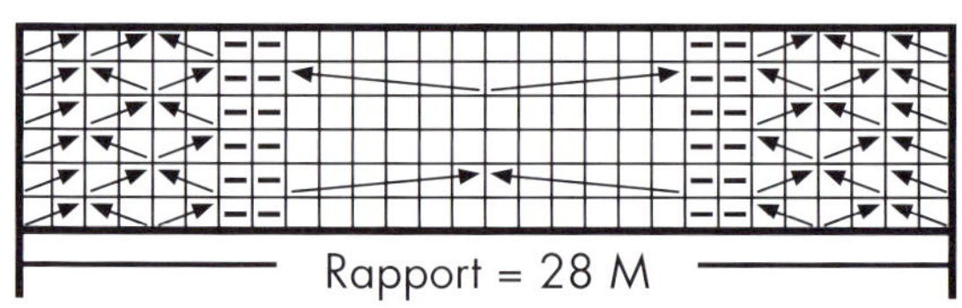

Zeichenerklärung

= 1 M rechts
= 1 M links
= 1 M mit einer Hilfsnadel vor die Arbeit legen, 1 M rechts, dann die M der Hilfsnadel rechts stricken
= 1 M mit einer Hilfsnadel hinter die Arbeit legen, 1 M rechts, dann die M der Hilfsnadel rechts stricken
= 3 M mit einer Hilfsnadel vor die Arbeit legen, 3 M rechts, dann die M der Hilfsnadel rechts stricken
= 3 M mit einer Hilfsnadel hinter die Arbeit legen, 3 M rechts, dann die M der Hilfsnadel rechts stricken

Socken mit Lochmuster

Größe 38/39

Material: Regia 4fädig, 100 g in Naturmeliert Fb 2143.
1 Nadelspiel Nr. 2 bis 3.

Bündchenmuster: 1 M rechts, 1 M links im Wechsel stricken.

Grundmuster: M-Zahl teilbar durch 6.
1. Runde: Rechts stricken.
2. Runde: * 2 M rechts, 1 Umschlag, 1 M rechts abheben, 1 M rechts stricken und die abgehobene M überziehen, 2 M rechts, ab * wiederholen.
3. Runde: Rechts stricken.
4 Runde: * 2 M rechts, 2 M rechts zusammenstricken, 1 Umschlag, 2 M rechts, ab * wiederholen.
Die 1. bis 4. Runde stets wiederholen.

Glatt rechts: Hinr rechte M, Rückr linke M, in Runden nur rechte M.

Maschenprobe: Glatt rechts 30 M und 42 R bzw. Runden = 10 x 10 cm.

Anleitung
60 M anschlagen und 3 cm im Bündchenmuster stricken.
Dann im Grundmuster arbeiten, den Rapport von 6 M 10 x stricken.
In 15 cm Höhe die Ferse stricken.
Für den Fuß über die M der 2. und 3. Nadel im Grundmuster, über die M der 1. und 4. Nadel glatt rechts stricken. Die Spitze glatt rechts stricken.
Beide Socken gleich arbeiten.

Damensocken mit Wellenrand

Größe 38/39

Material: Regia 4fädig, 100 g in Braun Fb 2140, und **Regia 4fädig Tweed,** 50 g in Beige Fb 2957.
1 Nadelspiel Nr. 2 bis 3 sowie 2 Lederbänder à 75 cm Länge und 2 Hirschhornknöpfe.

Wellenmuster: M-Zahl teilbar durch 20. Siehe Schema. Es ist jede Runde gezeichnet. 1x die 1. bis 9. Runde stricken.

Lochmuster: M-Zahl teilbar durch 8.
1. bis 6. Runde: * 1 M links, 1 Umschlag, 4 M rechts, 2 M rechts zusammenstricken, 1 M links, ab * wiederholen.
7. bis 12. Runde: * 1 M links, 1 M rechts abheben, 1 M rechts stricken und die abgehobene M überziehen, 4 M rechts, 1 Umschlag, 1 M links, ab * wiederholen.
Die 1. bis 12. Runde stets wiederholen.

Glatt rechts: Hinr rechte M, Rückr linke M, in Runden nur rechte M.

Kraus rechts: Jede R rechts stricken, in Runden je 1 Runde rechte und linke M im Wechsel stricken.

Maschenprobe: Glatt rechts 30 M und 42 R bzw. Runden = 10 x 10 cm.

Anleitung
100 M in Beige anschlagen, 1 Runde linke M, dann in Braun 1 Runde rechte M und 1 Runde im Wechsel 1 M rechts und 1 M links stricken. Weiter in Beige im Wellenmuster arbeiten, den Rapport von 20 M 5x stricken = 90 M nach der 9. Runde. Weiter in Braun 1 Runde rechts stricken, dabei verteilt 26x 2 M rechts zusammenstricken = 64 M. Noch 1 Runde linke M in Braun stricken, dann je 2 Runden kraus rechts in Beige und in Braun stricken. Nun in Beige 1 Runde rechte M stricken und in der folgenden Runde für den Banddurchzug im Wechsel 2 M rechts zusammenstricken und 1 Umschlag arbeiten.
Weiter in Braun 1 Runde rechte M, dann im Lochmuster stricken, den Rapport von * bis * 8x wiederholen.
Nach 9 cm im Lochmuster die Ferse in Beige stricken.
Für den Fuß in Braun über die M der 2. und 3. Nadel im Lochmuster, über die M der 1. und 4. Nadel glatt rechts stricken. Die Spitze in Beige arbeiten.
Beide Socken gleich stricken.
Die Lederbändchen durch die Lochrunde ziehen und vorne einen Knopf einfädeln.

Schema für das Wellenmuster

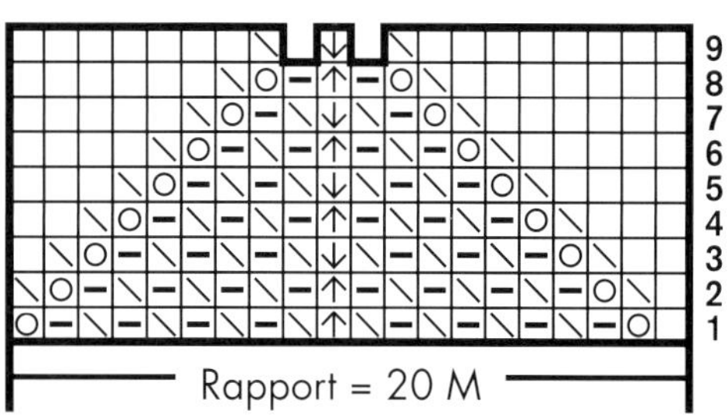

Zeichenerklärung
□ = 1 M rechts
⧅ = 1 M rechts verschränkt
⊟ = 1 M links
⊡ = 1 Umschlag
⍐ = 1 M rechts verschränkt abheben, 2 M rechts zusammenstricken und die abgehobene M überziehen
⍗ = 3 M links zusammenstricken

Kindersocken mit Zopfmuster

Größe 26/27

Material: Regia 4fädig Tweed, 50 g in Beige Fb 2957, und **Regia 4fädig,** 50 g in Braun Fb 2140.
1 Nadelspiel Nr. 2 bis 3 sowie 2 Lederbänder à 60 cm Länge und 2 Schmuckknöpfe aus Metall.

Bündchenmuster: 1 M rechts, 1 M links im Wechsel stricken.

Wellenmuster: M-Zahl teilbar durch 12. Siehe Schema. Es ist jede Runde gezeichnet. 1x die 1. bis 10. Runde stricken.

Zopfmuster: M-Zahl teilbar durch 7. Siehe Schema. Es ist jede Runde gezeichnet.
Die 1. bis 7. Runde stets wiederholen.

Glatt rechts: Hinr rechte M, Rückr linke M, in Runden nur rechte M.

Schema für das Zopfmuster

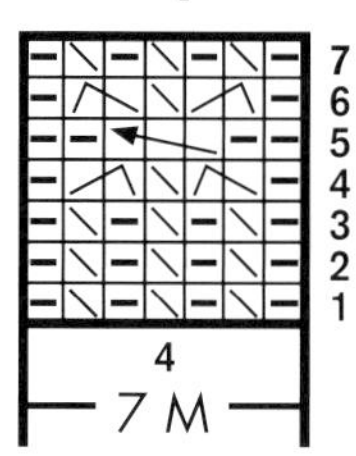

Schema für das Wellenmuster

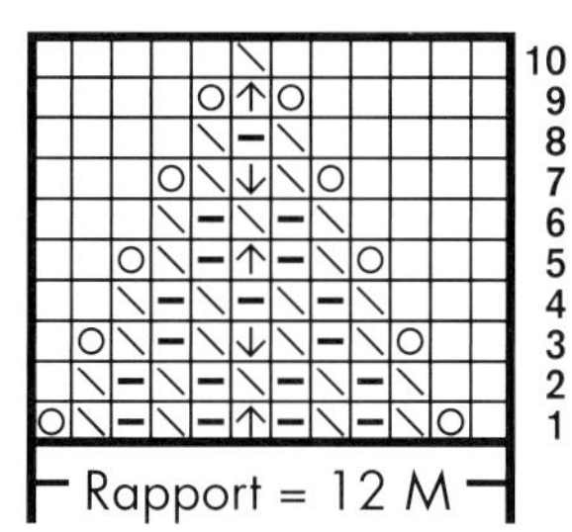

Zeichenerklärung

□ = 1 M rechts

⧅ = 1 M rechts verschränkt

⊟ = 1 M links

◎ = 1 Umschlag

⍐ = 1 M rechts verschränkt abheben, 2 M rechts zusammenstricken und die abgehobene M überziehen

⍗ = 3 M links zusammenstricken

= 1 M mit einer Hilfsnadel hinter die Arbeit legen, 1 M rechts verschränkt, dann die M der Hilfsnadel links stricken

= 1 M mit einer Hilfsnadel vor die Arbeit legen, 1 M links, dann die M der Hilfsnadel rechts verschränkt stricken

= 1 M auf einer Hilfsnadel vor, die folgende M auf einer 2. Hilfsnadel hinter die Arbeit legen, 1 M rechts verschränkt, dann die M der 2. Hilfsnadel rechts verschränkt, zum Schluss die M der 1. Hilfsnadel rechts verschränkt stricken

Maschenprobe: Glatt rechts 30 M und 42 R bzw. Runden = 10 x 10 cm.

Anleitung
48 M in Beige anschlagen und im Wellenmuster arbeiten, den Rapport von 12 M 4x wiederholen. Dann weiter 1 Runde rechte M, 1 Runde linke M und 2 Runden rechte M stricken.
Nun die Arbeit für den Umschlag wenden und auf der Innenseite weiter 4 Runden im Bündchenmuster stricken; am Ende der letzten Runde 1 M zunehmen = 49 M.
Weiter im Zopfmuster arbeiten, den Rapport von 7 M 7x stricken und in der rückwärtigen Mitte mit der 4. M des Rapports beginnen.
Nach 7 cm im Zopfmuster die Ferse über 24 M in Braun stricken.
Den Fuß in Beige im Zopfmuster stricken. Die Spitze in Braun arbeiten.
Den Umschlag nach außen umschlagen. Das Lederbändchen in Zickzack-Form durch den Anschlagrand und den Schaft ziehen (siehe Foto). Die Schmuckknöpfe seitlich an den Umschlag nähen.
Beide Socken gleich arbeiten.

Socken mit Perlmuster

Größe 40/41

Material: Regia 4fädig Tweed, 150 g in Natur Fb 2956, und **Regia 4fädig,** 50 g in Braun Fb 2140.
1 Nadelspiel Nr. 3 bis 4 sowie 4 Talerknöpfe.

Perlmuster:
1. Runde: Links stricken.
2. Runde: 1 M rechts und 1 M links im Wechsel stricken.
Die 1. und 2. Runde stets wiederholen.

Glatt rechts: Hinr rechte M, Rückr linke M, in Runden nur rechte M.

Kraus rechts: Jede R rechts stricken, in Runden je 1 Runde rechte und linke M im Wechsel stricken.

Maschenprobe: Doppelfädig im Perlmuster 23 M und 34 Runden = 10 x 10 cm.

Anleitung
Mit doppeltem Faden 48 M in Braun anschlagen und 10 Runden kraus rechts stricken. Weiter in Natur 1 Runde rechte M, dann im Perlmuster stricken. Dabei an einer Seite 6 Schlitze einarbeiten, für die rechte Socke über den ersten 5 M der 2. Nadel, für die linke Socke über den letzten 5 M der 3. Nadel; dafür diese 5 M abketten und gleich wieder neu anschlagen.
Den ersten Schlitz nach 6 Runden ab Bund, die übrigen im Abstand von 8 Runden.
In 19 cm Höhe die Ferse arbeiten. Dann über alle M im Perlmuster stricken. Die Spitze glatt rechts arbeiten, die Bandabnahmen in jeder 2. Runde 5x stricken, dann in jeder Runde wiederholen.
Für die Bänder aus der letzten Bündchen-R oberhalb der Schlitze jeweils 7 M mit doppeltem Faden in Braun herausstricken und 16 cm kraus rechts stricken. Dann am Anfang jeder R immer 1 M abnehmen, bis alle M aufgebraucht sind. Das Band durch die Schlitze ziehen. Je einen Knopf oben und unten auf das Band nähen.
Bis auf die Schlitze beide Socken gleich arbeiten.

Socken mit Häkelrand

Größe 38/39

Material: Regia 4fädig, 150 g in Braunmeliert Fb 2024, und **Regia & Cotton,** 50 g in Weiß Fb 01.
1 Nadelspiel Nr. 3 bis 4, 1 Häkelnadel Nr. 3 sowie 2 Hornknöpfe.

Grundmuster:
1. und 3. Runde: * 1 M rechts, 2 M links, 1 M rechts, ab * wiederholen.
2. Runde: * 1 M rechts, 1 Umschlag, 2 M links zusammenstricken, 1 M rechts, ab * wiederholen.
4. Runde: * 1 M rechts, 2 M links verschränkt zusammenstricken, 1 Umschlag, 1 M rechts, ab * wiederholen.
Die 1. bis 4. Runde stets wiederholen.
Achtung: Das Muster erscheint auf der linken Seite; die Socken werden später gewendet.

Glatt rechts: Hinr rechte M, Rückr linke M, in Runden nur rechte M.

Kraus rechts: Jede R rechts stricken, in Runden je 1 Runde rechte und linke M im Wechsel stricken.

Maschenprobe: Doppelfädig im Grundmuster 22 M und 30 R bzw. Runden = 10 x 10 cm.

Anleitung
Mit doppeltem Faden 56 M in Braun anschlagen und im Grundmuster stricken. In 15 cm Höhe die Ferse glatt rechts stricken. Für den Fuß über die M der 2. und 3. Nadel im Grundmuster, die M der 1. und 4. Nadel glatt rechts stricken. Die Spitze glatt rechts stricken.
Die Socke wenden. Auf den oberen Sockenrand mit 1 Faden in Weiß 1 Runde feste M, dann 1 Runde Muscheln häkeln. Die Muscheln wie folgt arbeiten: * 1 feste M, 1 M übergehen, 5 Stäbchen in die folgende M, 1 M übergehen, ab * wiederholen. Jede Runde mit 1 Kettm beenden. Für die Häkellocken je eine 15 cm lange Luftm-Kette häkeln, dann in jede Luftm 2 feste M häkeln. Auf der Außenseite der Socken je einen Knopf annähen, daran die Häkellocken befestigen (siehe Foto).

Socken im Jeanslook

Größe 40/41

Material: Regia 4fädig Color, 100 g in Ringel-Jeans Fb 5163.
1 Nadelspiel Nr. 2 bis 3.

Bündchenmuster: 1 M rechts, 1 M links im Wechsel stricken.

Rippenmuster: 3 M rechts, 1 M links im Wechsel stricken.

Maschenprobe: Im Rippenmuster 30 M und 42 R bzw. Runden = 10 x 10 cm.

Achtung: Die Ringel entstehen bei diesem Garn durch den Farbverlauf von selbst. Jede Socke mit der gleichen Farbe beginnen.

Anleitung
64 M anschlagen und 3 cm im Bündchenmuster stricken. Weiter im Rippenmuster arbeiten.
In 18 cm Höhe die Ferse stricken.
Für den Fuß über die M der 2. und 3. Nadel im Rippenmuster, über die M der 1. und 4. Nadel glatt rechts stricken.
Beide Socken gleich arbeiten.

Socken mit Hahnentrittmuster

(siehe Foto Seite 21 oben links)

Größe 36/37

Material: Regia 6fädig, 100 g in Graublau Fb 1980.
1 Nadelspiel Nr. 3 bis 4.

Bündchenmuster: 2 M rechts, 2 M links im Wechsel stricken.

Glatt rechts: Hinr rechte M, Rückr linke M, in Runden nur rechte M stricken.

Hahnentrittmuster: M-Zahl teilbar durch 8. Siehe Schema. Es sind nur die ungeraden Runden gezeichnet, in den geraden Runden alle M rechts stricken. Die 1. bis 16. Runde stets wiederholen.

Maschenprobe: Glatt rechts 22 M und 32 R bzw. Runden = 10 x 10cm.

Anleitung
48 M anschlagen und 3 cm im Bündchenmuster stricken.
Im Hahnentrittmuster weiterarbeiten, nach den ersten 4 M den Rapport von 8 M 5x stricken, mit den letzten 4 M enden.
In 23 cm Höhe die Ferse stricken.
Für den Fuß über die M der 2. und 3. Nadel im Hahnentrittmuster, über die M der 1. und 4. Nadel glatt rechts stricken.
Beide Socken gleich arbeiten.

Schema für das Hahnentrittmuster

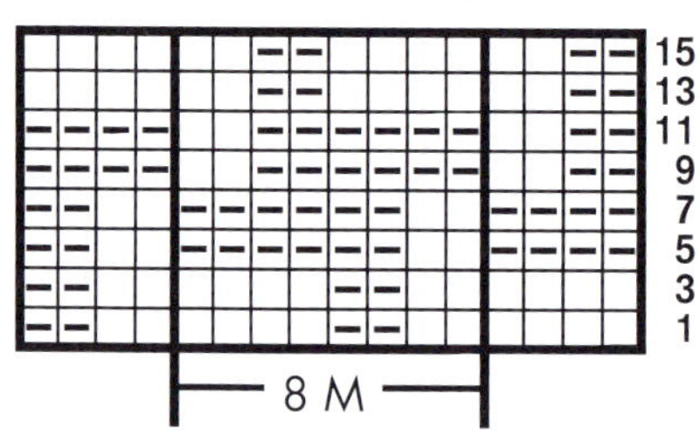

Zeichenerklärung
☐ = 1 M rechts
⊟ = 1 M links

Socken mit Strukturmuster

Größe 38/39

Material: Regia 4fädig, 100 g in Hellblau Fb 2071.
1 Nadelspiel Nr. 2 bis 3.

Bündchenmuster: 1 M rechts, 1 M links im Wechsel stricken.

Glatt rechts: Hinr rechte M, Rückr linke M, in Runden nur rechte M stricken.

Strukturmuster: M-Zahl teilbar durch 6. Siehe Schema. Es sind nur die ungeraden Runden gezeichnet, in den geraden Runden alle M rechts stricken. Die 1. bis 8. Runde stets wiederholen.

Maschenprobe: Glatt rechts 30 M und 48 R bzw. Runden = 10 x 10cm.

Anleitung
60 M anschlagen und 3 cm im Bündchenmuster stricken.
Im Strukturmuster weiterarbeiten, den Rapport 10x wiederholen.
In 20 cm Höhe die Ferse stricken.
Für den Fuß über den mittleren 26 M der 2. und 3. Nadel im Strukturmuster, über alle übrigen M glatt rechts stricken.
Beide Socken gleich arbeiten.

Schema für das Strukturmuster

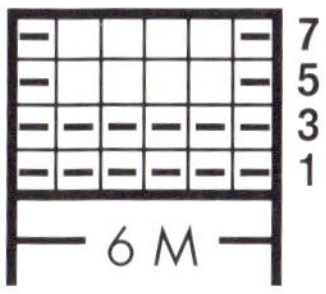

Zeichenerklärung
□ = 1 M rechts
⊟ = 1 M links

Socken mit Jacquardbordüren und gestickten Rosen

Größe 38/39

Material: Regia 4fädig, 100 g in Anthrazit Fb 522 und je 50 g in Orange Fb 1259, Pink Fb 1258 und Grün Fb 2082.
1 Nadelspiel Nr. 2 bis 3 und 1 Sticknadel ohne Spitze.

Bündchenmuster: 1 M rechts, 1 M links im Wechsel stricken.

Glatt rechts: Hinr rechte M, Rückr linke M, in Runden nur rechte M.

Jacquardbordüren A und B: Glatt rechts nach Schema A und B stricken. Es ist jede Runde gezeichnet. Den Rapport von 4 M stets wiederholen.
Jeweils 1x die 1. bis 9. Runde stricken.

Maschenprobe: Glatt rechts 30 M und 42 R bzw. Runden = 10 x 10 cm. Die 9 Runden Jacquardbordüre sind 3 cm hoch.

Anleitung
60 M in Anthrazit anschlagen und 3 cm im Bündchenmuster stricken.
Weiter glatt rechts 2 Runden in Anthrazit, 9 Runden nach Schema A, 32 Runden in Anthrazit, 9 Runden nach Schema B und 4 Runden in Anthrazit stricken = insgesamt 18 cm.
Dann Ferse, Fuß und Spitze in Anthrazit stricken.
Beide Socken gleich arbeiten.
Die Rosen auf die äußeren Schaftseiten sticken, oberhalb der Ferse auf der 5. Runde in Anthrazit beginnen.

Stickschrift für die Rosen

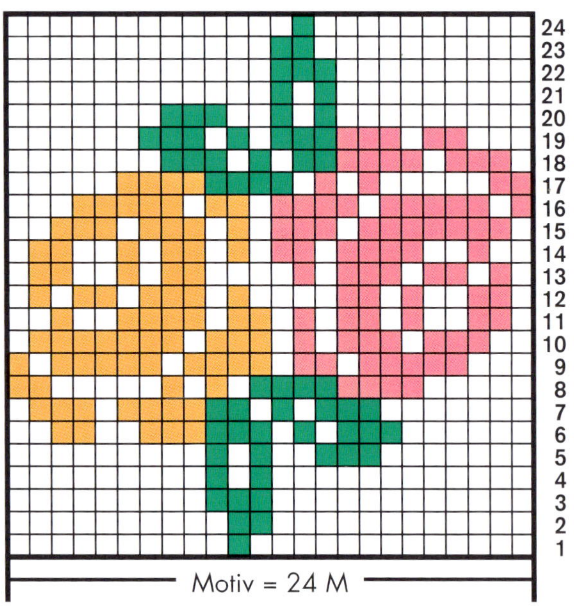

Socken mit Jacquardbordüren und Streifen

Größe 38/39

Material: Regia 4fädig, 100 g in Anthrazit Fb 522 und je 50 g in Orange Fb 1259, Pink Fb 1258, Grün Fb 2082 und Blau Fb 614.
1 Nadelspiel Nr. 2 bis 3 und 1 Sticknadel ohne Spitze.

Bündchenmuster: 1 M rechts, 1 M links im Wechsel stricken.

Glatt rechts: Hinr rechte M, Rückr linke M, in Runden nur rechte M.

Jacquardmuster: Glatt rechts nach dem Schema stricken. Es ist jede Runde gezeichnet. Den Rapport von 12 M stets wiederholen.
1x die 1. bis 17. Runde stricken.
Achtung: Die orangefarbenen Punkte in der 6., 8. und 10. Runde werden nachträglich im Maschenstich aufgestickt.

Schema Muster A

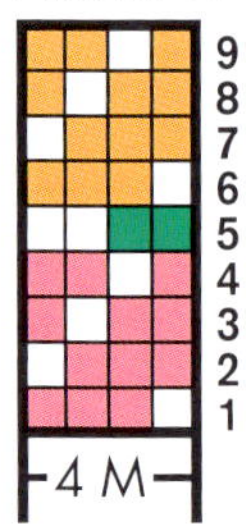

Schema Muster B

Zeichenerklärung
☐ = Anthrazit
■ = Pink
■ = Orange
■ = Grün

Schema für das Jacquardmuster

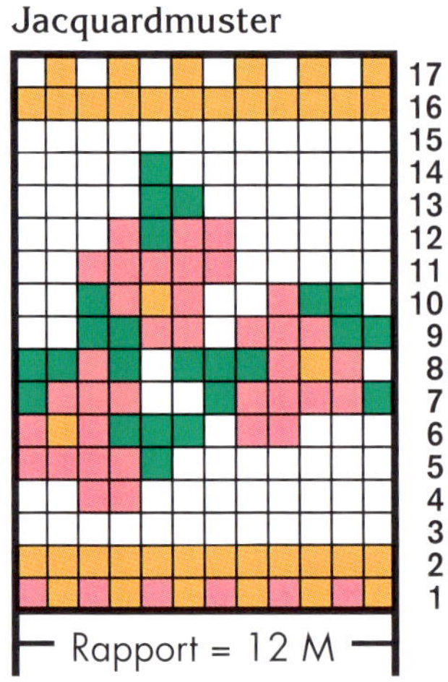

Zeichenerklärung
☐ = Anthrazit
■ = Pink
■ = Orange
■ = Grün

Maschenprobe: Glatt rechts 30 M und 42 R bzw. Runden = 10 x 10 cm. Die 17 Runden Jacquardbordüre sind 5 cm hoch.

Anleitung
60 M in Pink anschlagen und 3 cm im Bündchenmuster stricken.
Weiter glatt rechts 3 Runden in Pink und 17 Runden im Jacquardmuster stricken. Dann immer im Wechsel je 5 Runden in Anthrazit und 1 Runde in Farbe stricken, für Farbe nacheinander * Blau, Pink, Orange und Grün verwenden und ab * wiederholen.
In 17,5 cm Höhe, nach 1 Runde in Pink, die Ferse in Anthrazit stricken. Für den Fuß weiter mit Streifen arbeiten, die Spitze in Anthrazit stricken. Die Blütenmitten in Orange aufsticken.
Beide Socken gleich arbeiten.

Socken mit breiter Bordüre

(siehe Foto Seite 23 rechts)

Größe 38/39

Material: Regia 4fädig, 100 g in Grau Fb 522 und je 50 g in Orange Fb 1259, Pink Fb 1258 und Grün Fb 2082.
1 Nadelspiel Nr. 2 bis 3 und 1 Sticknadel ohne Spitze.

Bündchenmuster: 1 M rechts, 1 M links im Wechsel stricken.

Glatt rechts: Hinr rechte M, Rückr linke M, in Runden nur rechte M.

Jacquardmuster: Glatt rechts nach dem Schema stricken. Es ist jede Runde gezeichnet. Den Rapport von 20 M stets wiederholen.
1x die 1. bis 52. Runde stricken.
Die grünen Stiele werden nachträglich im Maschenstich aufgestickt.

Maschenprobe: Glatt rechts 30 M und 42 R bzw. Runden = 10 x 10 cm. Die 52 Runden Jacquardmuster sind 15 cm hoch.

Anleitung
60 M in Grau anschlagen und 3 cm im Bündchenmuster stricken.
Weiter die 52 Runden Jacquardbordüre nach Schema arbeiten.
In 18 cm Höhe die Ferse in Grau stricken, dann weiter * 5 Runden in Grau, je 1 Runde in Grün, Grau und Pink, 5 Runden in Grau, je 1 Runde in Grün, Grau und Orange, ab * wiederholen. Die Spitze in Grau stricken.
Die Stiele in Grün aufsticken.
Beide Socken gleich arbeiten.

Schema für das Jacquardmuster

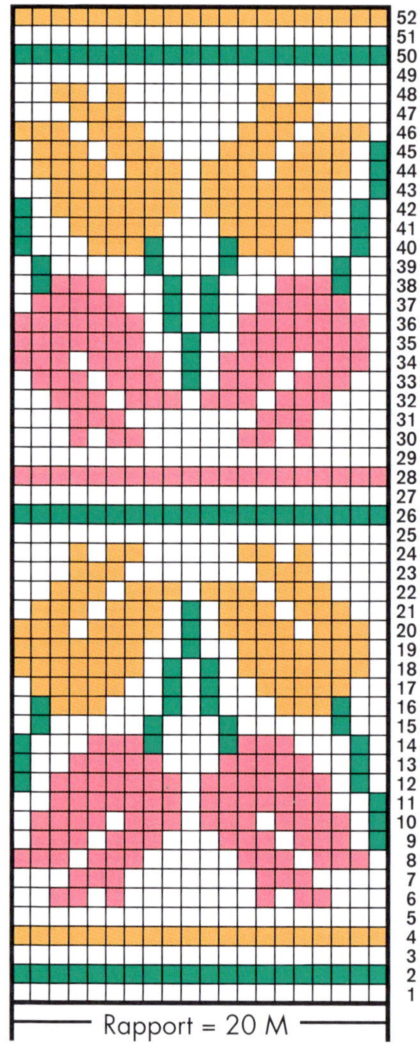

Zeichenerklärung
☐ = Anthrazit ■ = Pink
■ = Orange ■ = Grün

Socken mit Strukturmuster

Größe 42/43

Material: Regia 4fädig, 100 g in Hellgrau-Meliert Fb 33.
1 Nadelspiel Nr. 2 bis 3.

Bündchenmuster: 1 M rechts, 1 M links im Wechsel stricken.

Glatt rechts: Hinr rechte M, Rückr linke M, in Runden nur rechte M.

Grundmuster: M-Zahl teilbar durch 16. Siehe Schema. Es sind nur die ungeraden Runden gezeichnet, in den geraden Runden die M stricken, wie sie erscheinen. Den Rapport von 16 M wiederholen.
Die 1. bis 24. Runde stets wiederholen.

Maschenprobe: Im Grundmuster 30 M und 50 R bzw. Runden = 10 x 10 cm.

Anleitung
64 M anschlagen und 3 cm im Bündchenmuster, dann im Grundmuster stricken. In 20 cm Höhe die Ferse arbeiten. Weiter über den M der 1. und 4. Nadel glatt rechts, über den M der 2. und 3. Nadel im Grundmuster stricken. Die Spitze glatt rechts stricken. Beide Socken gleich arbeiten.

Schema für das Grundmuster

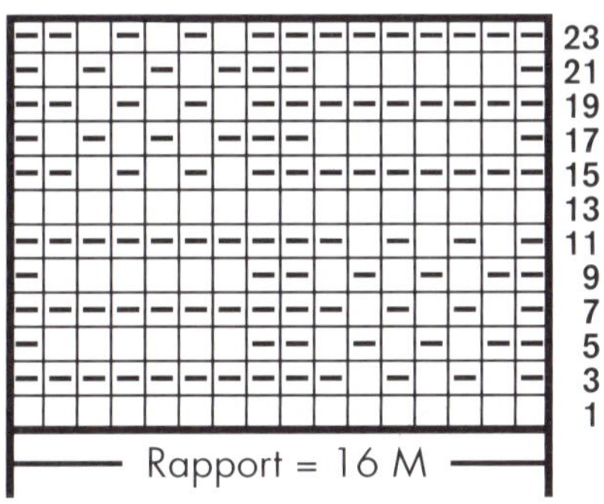

Zeichenerklärung
□ = 1 M rechts
⊟ = 1 M links

Socken mit Zopfmuster

Größe 42/43

Material: Regia 4fädig Stretch Color, 150 g in Graphit Color Fb 98.
1 Nadelspiel Nr. 2 bis 3.

Glatt rechts: Hinr rechte M, Rückr linke M, in Runden nur rechte M.

Grundmuster: M-Zahl teilbar durch 8. Siehe Schema. Es sind nur die ungeraden Runden gezeichnet, in den geraden Runden die M stricken, wie sie erscheinen. Den Rapport von 8 M wiederholen.
Nach der 1. bis 4. Runde die 5. bis 24. Runde stets wiederholen.

Maschenprobe: Glatt rechts 30 M und 42 R bzw. Runden = 10 x 10 cm.

Anleitung
72 M anschlagen und im Grundmuster stricken. In 20 cm Höhe die Ferse stricken, dabei über den 36 M der 1. und 4. Nadel verteilt 4x 2 M rechts zusammenstricken = 32 M. Weiter über die M der 1. und 4. Nadel glatt rechts, über den M der 2. und 3. Nadel im Grundmuster stricken. Die Spitze glatt rechts stricken, dabei in der 1. Runde über den M der 2. und 3. Nadel je 2 x 2 M rechts zusammenstricken = 16 M je Nadel.
Beide Socken gleich arbeiten.

Schema für das Grundmuster

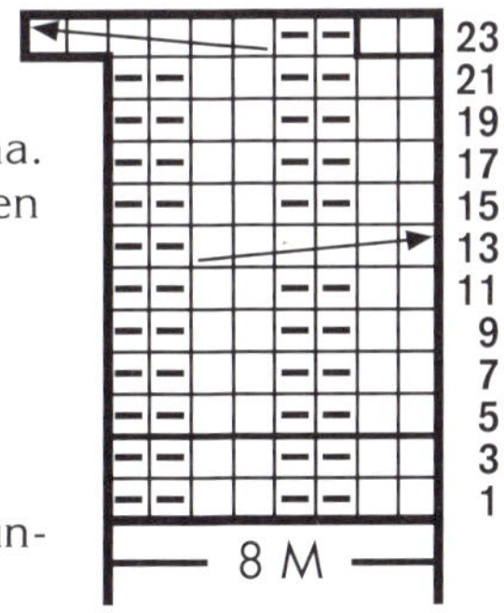

Zeichenerklärung
□ = 1 M rechts
⊟ = 1 M links
[Symbol] = 4 M mit einer Hilfsnadel hinter die Arbeit legen, 2 M rechts, dann von der Hilfsnadel 2 M links und 2 M rechts stricken
[Symbol] = 2 M mit einer Hilfsnadel vor die Arbeit legen, 2 M rechts und 2 M links stricken, dann die M der Hilfsnadel rechts stricken
Achtung: Am Anfang der 23. Runde die ersten 2 M rechts stricken, diese M am Ende der Runde mit den davor liegenden 4 M verkreuzen; außerdem in dieser Runde bei allen Verkreuzungen die 2 M der Hilfsnadel auf die folgende Nadel heben und dann rechts stricken.

Maschenprobe: Glatt rechts 30 M und 42 R bzw. Runden = 10 x 10 cm

Anleitung A, Herrensocken
66 M in Braun anschlagen = je 16 M für die 1. und 4. Nadel und je 17 M für die 2. und 3. Nadel.
12 cm im Bündchenmuster stricken.
Weiter im Grundmuster arbeiten, den Rapport von 6 M stets wiederholen.
In 22 cm Höhe die Ferse über 32 M in Braun stricken.
Beim Fuß über die 32 M der 1. und 4. Nadel glatt rechts mit Streifen ohne Hebemaschen, über die 34 M der 2. und 3. Nadel im Grundmuster stricken.
Die Spitze in Braun stricken, in der 1. Runde bei der 2. und 3. Nadel zusätzlich je 1x 2 M rechts zusammenstricken = 64 M.

Anleitung B, Damensocken
60 M in Schwarz anschlagen und 8 cm im Bündchenmuster stricken.
Weiter im Grundmuster arbeiten.
In 18 cm Höhe die Ferse über 30 M in Schwarz stricken.
Beim Fuß über die 30 M der 1. und 4. Nadel glatt rechts mit Streifen ohne Hebemaschen, über die 30 M der 2. und 3. Nadel im Grundmuster stricken.
Die Spitze in Schwarz stricken.
Beide Socken gleich arbeiten.

Herren- und Damensocken mit Hebemaschen

Größe 42/43 bzw. Größe 36/37

Material: Regia 4fädig, für die Herrensocken 100 g in Braun Fb 1966 und 50 g in Beige Fb 17, für die Damensocken 100 g in Schwarz Fb 2954 und 50 g in Grau Fb 44.
1 Nadelspiel Nr. 2 bis 3.

Bündchenmuster: 1 M rechts, 1 M links im Wechsel stricken.

Grundmuster: M-Zahl teilbar durch 6. Siehe Schema. Die 1. Runde wird in Beige bzw. Grau, die 2. Runde in Braun bzw. Schwarz gestrickt, dabei die M wie gezeichnet abheben.
Die 1. und 2. Runde stets wiederholen.

Glatt rechts: Hinr rechte M, Rückr linke M, in Runden nur rechte M.

Schema für das Grundmuster

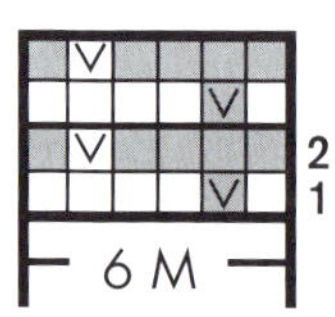

Zeichenerklärung A
☐ = 1 rechte M in Beige
■ = 1 rechte M in Braun
☑ = 1 M rechts abheben, der Faden ist hinter der Arbeit

Zeichenerklärung B
☐ = 1 rechte M in Grau
■ = 1 rechte M in Schwarz
☑ = 1 M rechts abheben, der Faden ist hinter der Arbeit

NOKIA

Socken mit Karomuster

Größe 38/39

Material: Regia 4fädig, 100 g in Graumeliert Fb 33 und je 50 g in (Socke A) Weinrot Fb 315 und Beige Fb 17 oder (Socke B) in Dunkelgrün Fb 1994 und Türkis Fb 1255.
1 Nadelspiel Nr. 2 bis 3.

Bündchenmuster: 2 M rechts, 2 M links im Wechsel stricken.

Glatt rechts: Hinr rechte M, Rückr linke M, in Runden nur rechte M.

Jacquardmuster: M-Zahl teilbar durch 6. Glatt rechts nach dem Schema stricken. Es ist jede Runde gezeichnet.
Für den Schaft und die Fußoberseite in der Breite den Rapport von 6 M und in der Höhe die 1. bis 6. Runde stets wiederholen. Für die Sohle das Muster ebenso einteilen, jedoch in der Höhe nur die 1. und 2. Runde stets wiederholen; die zusätzlichen M des Spickels in Graumeliert stricken.

Maschenprobe: Im Jacquardmuster 30 M und 30 R bzw. Runden = 10 x 10 cm.

Anleitung
60 M in Graumeliert anschlagen und 7 cm im Bündchenmuster stricken.
Weiter im Jacquardmuster arbeiten.
In 25 cm Höhe die Ferse in Graumeliert stricken. Den Fuß im Jacquardmuster stricken, über die M der 2. und 3. Nadel die 1. bis 6. Runde und über die M der 1. und 4. Nadel die 1. und 2. Runde stets wiederholen. Achtung: Bei der Einteilung des Musters die Spickel-M nicht mitzählen, diese werden in Graumeliert gestrickt.
Die Spitze in Graumeliert stricken.
Beide Socken gleich arbeiten.

Schema für das Jacquardmuster

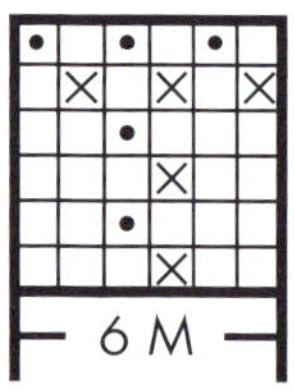

Zeichenerklärung A
☐ = 1 rechte M in Graumeliert
☒ = 1 rechte M in Weinrot
⊡ = 1 rechte M in Beige

Zeichenerklärung B
☐ = 1 rechte M in Graumeliert
☒ = 1 rechte M in Dunkelgrün
⊡ = 1 rechte M in Türkis

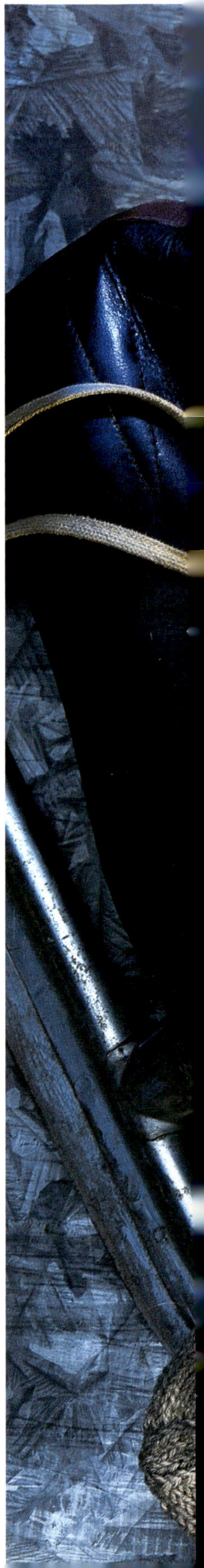

Socken mit Jacquardmuster

Größe 38/39

Material: Regia 6fädig, je 100 g in Beige Fb 2143, Grau Fb 44 und Anthrazit Fb 522.
1 Nadelspiel Nr. 3 bis 4, 1 Häkelnadel Nr. 4 bis 5.

Bündchenmuster: 1 M rechts, 1 M links im Wechsel stricken.

Glatt rechts: Hinr rechte M, Rückr linke M, in Runden nur rechte M.

Jacquardmuster: M-Zahl teilbar durch 4. Glatt rechts nach dem Schema stricken. Es ist jede Runde gezeichnet.
Die 1. bis 34. Runde, dann die 1. bis 30. Runde stricken.

Maschenprobe Jacquardmuster: 22 M und 25 R bzw. Runden = 10 x 10 cm.

Anleitung
48 M in Beige anschlagen und 2 cm im Bündchenmuster stricken.
Weiter glatt rechts 1 Runde in Beige, dann im Jacquardmuster stricken, den Rapport von 4 M 12x stricken.
In 11 cm Höhe, nach der 22. Runde, die Ferse in Beige stricken. Dann weiter für den Fuß über die M der 2. und 3. Nadel im Jacquardmuster, über die M der 1. und 4. Nadel bei den zweifarbigen Runden immer je 1 M in der jeweiligen Farbe im Wechsel stricken und die Farben in jeder Runde austauschen.
Nach weiteren 15 cm bzw. nach der 25. Runde des Schemas die Spitze beginnen. Dabei zunächst noch wie bisher weiter im Jacquardmuster, dann die Spitze in Beige beenden.
Beide Socken gleich arbeiten.
Über die Anschlagränder im Wechsel je 1 Bogen in Grau und Anthrazit häkeln, bei jedem Farbwechsel die Schlinge und den Faden vor die Arbeit legen: Den Faden in Anthrazit vor die Arbeit legen, mit der Häkelnadel von vorn nach hinten durch die 1. M des Bündchens stechen, den Faden durchholen und 1 Schlinge häkeln: 1 Luftm, mit 4 Luftm 3 M übergehen, in die 4. M 1 feste M häkeln. Die Nadel aus der M nehmen. Den Faden in Grau in der Mitte der übergangenen M ebenso anmaschen und die Schlinge häkeln. Dann immer im Wechsel je 1 Schlinge in Anthrazit und Grau arbeiten. Enden mit 3 Luftm und 1 Kettm in Anthrazit in die 1. feste M in Anthrazit und 3 Luftm und 1 Kettm in die 1. feste M in Grau.

Schema für das Jacquardmuster

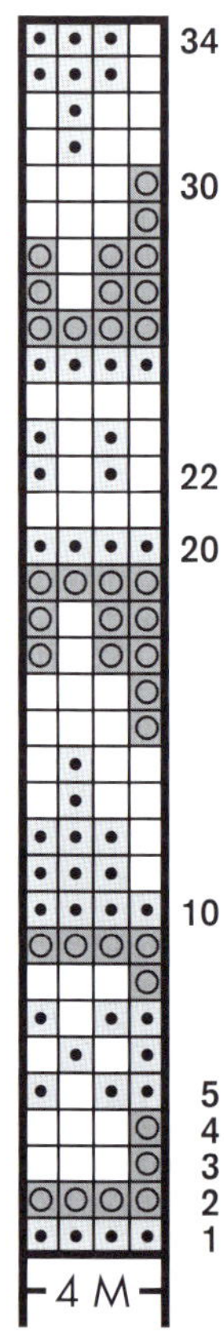

Zeichenerklärung
□ = 1 M in Beige
◙ = 1 M in Anthrazit
⊡ = 1 M in Grau

Luftig und leicht

Weiße Lochmuster-Socken

Größe 40/41

Material: Regia & Cotton, 100 g in Weiß Fb 01.
1 Nadelspiel Nr. 2 bis 3.

Grundmuster: M-Zahl teilbar durch 8. Siehe Schema. Es sind nur die ungeraden Runden gezeichnet, in den geraden Runden alle M und Umschläge rechts stricken.
Die 1. bis 16. Runde stets wiederholen.

Glatt rechts: Hinr rechte M, Rückr linke M, in Runden nur rechte M.

Maschenprobe: Glatt rechts 30 M und 42 R bzw. Runden = 10 x 10 cm.

Anleitung
64 M anschlagen und für die Mäusezähnchenkante 6 Runden rechte M stricken. In der folgenden Runde immer im Wechsel 2 M rechts zusammenstricken und 1 Umschlag arbeiten. Noch 6 Runden rechte M stricken, in der letzten Runde vor jeder M 1 M der Anschlagkante auf die linke Nadel heben und beide M rechts zusammenstricken.
Im Grundmuster weiterarbeiten, den Rapport von 8 M stets wiederholen.
In 12 cm Höhe die Ferse arbeiten.
Weiter für den Fuß über die M der 2. und 3. Nadel im Grundmuster, über die M der 1. und 4. Nadel glatt rechts stricken.
Beide Socken gleich arbeiten.

Grundmuster, weiße Socken

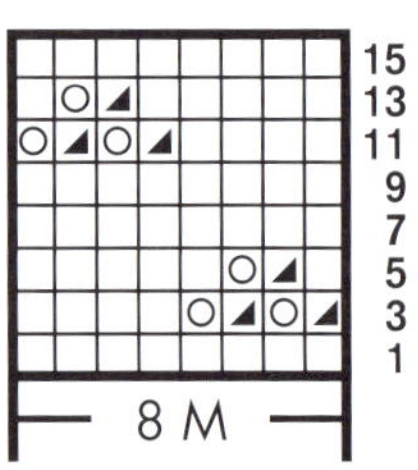

Zeichenerklärung
☐ = 1 M rechts
◪ = 2 M rechts zusammenstricken
◎ = 1 Umschlag

Grundmuster, zweifarbige Socken

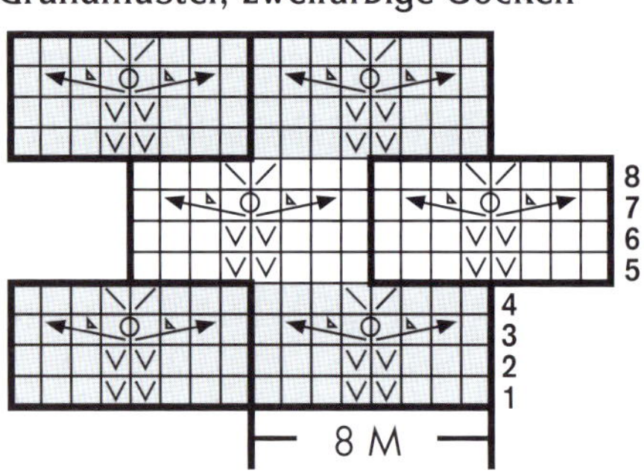

Mädchensocken mit zweifarbigem Lochmuster

Größe 32/33

Material: Regia 4fädig, je 50 g in Weiß Fb 2080 und Gelb Fb 2060.
1 Nadelspiel Nr. 2 bis 3.

Grundmuster: M-Zahl teilbar durch 8. Siehe Schema. Es ist jede Runde gezeichnet.
Die 1. bis 8. Runde stets wiederholen, dabei immer im Wechsel 4 Runden in Gelb und 4 Runden in Weiß stricken.

Glatt rechts: Hinr rechte M, Rückr linke M, in Runden nur rechte M.

Maschenprobe: Glatt rechts 30 M und 42 R bzw. Runden = 10 x 10 cm.

Anleitung
56 M in Weiß anschlagen und für die Mäusezähnchenkante 4 Runden rechte M stricken. In der folgenden Runde immer im Wechsel 2 M rechts zusammenstricken und 1 Umschlag arbeiten. Noch 4 Runden rechte M stricken, in der letzten Runde vor jeder M 1 M der Anschlagkante auf die linke Nadel heben und beide M rechts zusammenstricken.
Dann im Grundmuster arbeiten, den Rapport von 8 M stets wiederholen.
In 14 cm Höhe die Ferse in Weiß stricken.
Für den Fuß über die M der 2. und 3. Nadel im Grundmuster, die M der 1. und 4. Nadel glatt rechts stricken.
Die Spitze in Weiß stricken.
Beide Socken gleich arbeiten.

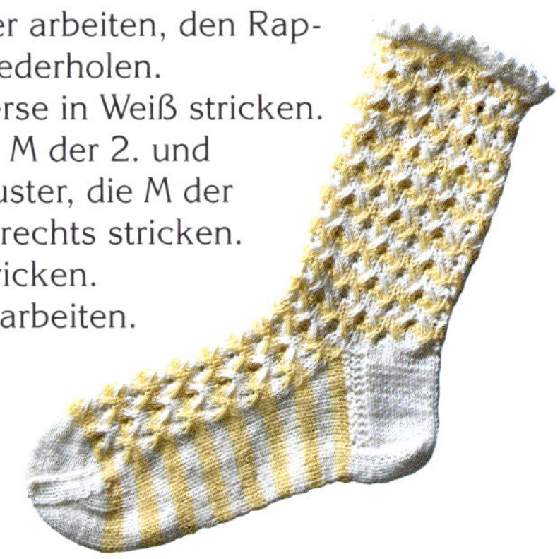

Zeichenerklärung
☐ = 1 M rechts
☑ = 1 M links abheben
⧅ = aus dem Umschlag 1 M rechts und 1 M rechts verschränkt herausstricken
[Symbol] = 2 M mit einer Hilfsnadel hinter die Arbeit legen, 1 M rechts stricken, dann die 2 M der Hilfsnadel rechts zusammenstricken, 1 Umschlag auf die rechte Nadel legen, dann 1 M mit einer Hilfsnadel vor die Arbeit nehmen, die folgenden 2 M rechts zusammenstricken, dann die M der Hilfsnadel rechts stricken

Melierte Mädchensocken

Größe 28/29

Material: Regia 4fädig, 50 g in Weißmeliert Fb 5062.
1 Nadelspiel Nr. 2 bis 3.

Grundmuster: M-Zahl teilbar durch 4. Siehe Schema. Es sind nur die ungeraden Runden gezeichnet, in den geraden Runden alle M und Umschläge rechts stricken.
Die 1. bis 4. Runde stets wiederholen.
Achtung: Die M-Zahl ändert sich innerhalb des Musters, deshalb Ferse und Spitze jeweils nach einer 3. oder 4. Runde beginnen.

Glatt rechts: Hinr rechte M, Rückr linke M, in Runden nur rechte M.

Maschenprobe: Glatt rechts 30 M und 42 R bzw. Runden = 10 x 10 cm.

Anleitung
52 M anschlagen und für den Rollrand 2 cm rechte M stricken.
Dann im Grundmuster arbeiten, den Rapport von 4 M stets wiederholen.
In 6 cm Höhe, nach einer 3. oder 4. Runde, die Ferse stricken.
Für den Fuß über die M der 2. und 3. Nadel im Grundmuster, die M der 1. und 4. Nadel in den entsprechenden Farben glatt rechts stricken.
Die Spitze nach einer 3. oder 4. Runde glatt rechts stricken.
Beide Socken gleich arbeiten.

Grundmuster, melierte Socken

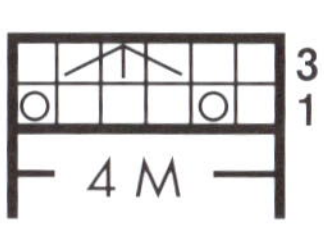

Zeichenerklärung
□ = 1 M rechts
◎ = 1 Umschlag
(Symbol) = 1 M rechts abheben, 2 M rechts zusammenstricken und die abgehobene M überziehen

Damensocken in Gelb

Größe 38/39

Material: Regia 4fädig, 100 g in Gelb Fb 2060.
1 Nadelspiel Nr. 2 bis 3.

Grundmuster: M-Zahl teilbar durch 12. Siehe Schema. Es ist jede Runde gezeichnet.
Nach der 1. Runde die 2. bis 11. Runde stets wiederholen.

Glatt rechts: Hinr rechte M, Rückr linke M, in Runden nur rechte M.

Maschenprobe: Glatt rechts 30 M und 42 R bzw. Runden = 10 x 10 cm.

Anleitung
60 M anschlagen und für den Rollrand 2,5 cm glatt rechts stricken.
Dann im Grundmuster arbeiten, den Rapport von 12 M 5x stricken.
In 8 cm Höhe die Ferse arbeiten.
Für den Fuß über den mittleren 24 M der 2. und 3. Nadel im Grundmuster, die M der 1. und 4. Nadel glatt rechts stricken.
Beide Socken gleich arbeiten.

Grundmuster, gelbe Socken

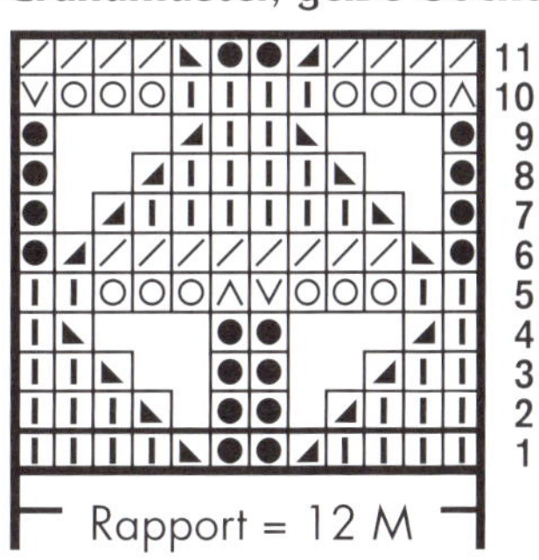

Zeichenerklärung
Die leeren Flächen sind keine M, sie dienen nur der besseren Übersicht.
I = 1 M rechts
⧄ = 1 M rechts verschränkt
● = die M mit 1 Umschlag rechts abheben, bei allen darüber liegenden Umschlägen die M und die Umschläge zusammen mit jeweils 1 weiteren Umschlag rechts abheben
◎ = 1 Umschlag
V = die M mit den 4 Umschlägen rechts zusammenstricken
Λ = die M mit den 4 Umschlägen links zusammenstricken
◢ = 2 M rechts zusammenstricken
◣ = 1 M rechts abheben, 1 M rechts stricken und die abgehobene M überziehen

Damensocken in Blau

Größe 36/37

Material: Regia 4fädig, 100 g in Blau Fb 1988.
1 Nadelspiel Nr. 2 bis 3.

Bündchenmuster: 1 M rechts, 1 M links im Wechsel stricken.

Grundmuster: M-Zahl teilbar durch 6. Siehe Schema. Es sind nur die ungeraden Runden gezeichnet, in den geraden Runden alle M und Umschläge rechts stricken.
Die 1. bis 20. Runde stets wiederholen.

Glatt rechts: Hinr rechte M, Rückr linke M, in Runden nur rechte M.

Maschenprobe: Glatt rechts 30 M und 42 R bzw. Runden = 10 x 10 cm.

Anleitung
60 M anschlagen und 2 cm im Bündchenmuster, dann im Grundmuster arbeiten, dabei den Rapport von 6 M 10x stricken.
In 16 cm Höhe die Ferse stricken.
Für den Fuß über die M der 2. und 3. Nadel im Grundmuster, die M der 1. und 4. Nadel glatt rechts stricken.
Die Spitze glatt rechts stricken.
Beide Socken gleich arbeiten.

Schema für das Grundmuster

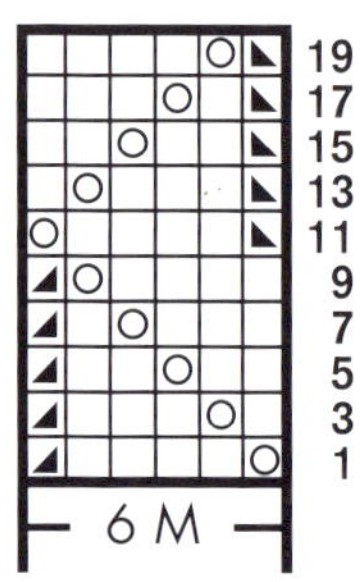

Zeichenerklärung
□ = 1 M rechts
◎ = 1 Umschlag
◢ = 2 M rechts zusammenstricken
◣ = 1 M rechts abheben, 1 M rechts stricken und die abgehobene M überziehen

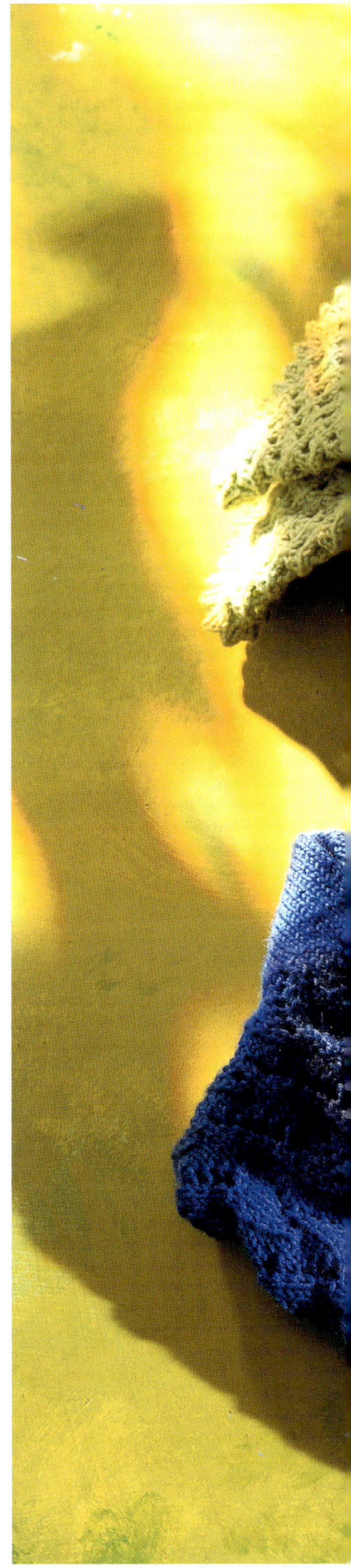

Damensocken in Weiß

Größe 36/37

Material: Regia 4fädig, 100 g in Weiß Fb 2080.
1 Nadelspiel Nr. 2 bis 3.

Grundmuster: M-Zahl teilbar durch 15. Siehe Schema.
Es ist jede Runde gezeichnet.
Die 1. bis 10. Runde stets wiederholen.

Glatt rechts: Hinr rechte M, Rückr linke M, in Runden nur rechte M.

Maschenprobe: Glatt rechts 30 M und 42 R bzw. Runden = 10 x 10 cm.

Anleitung
60 M anschlagen und für die Mäusezähnchenkante 4 Runden rechte M stricken. In der folgenden Runde immer im Wechsel 2 M rechts zusammenstricken und 1 Umschlag arbeiten. Noch 4 Runden rechte M stricken, in der letzten Runde vor jeder M 1 M der Anschlagkante auf die linke Nadel heben und beide M rechts zusammenstricken.
Dann im Grundmuster arbeiten, den Rapport von 15 M 4x stricken.
In 14 cm Höhe die Ferse stricken.
Für den Fuß über die M der 2. und 3. Nadel im Grundmuster, die M der 1. und 4. Nadel glatt rechts stricken.
Die Spitze glatt rechts stricken.
Beide Socken gleich arbeiten.

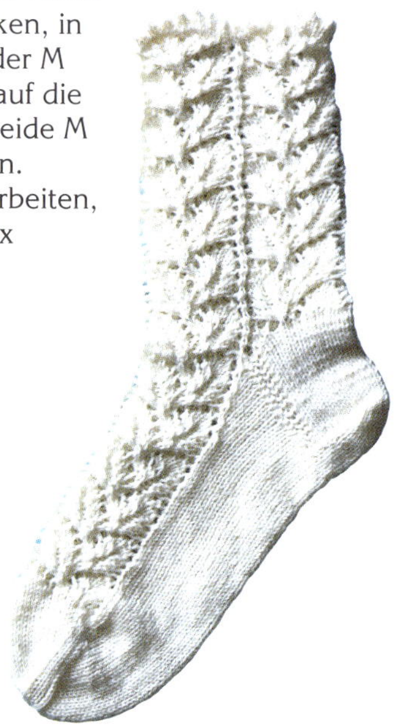

Grundmuster, weiße Socken

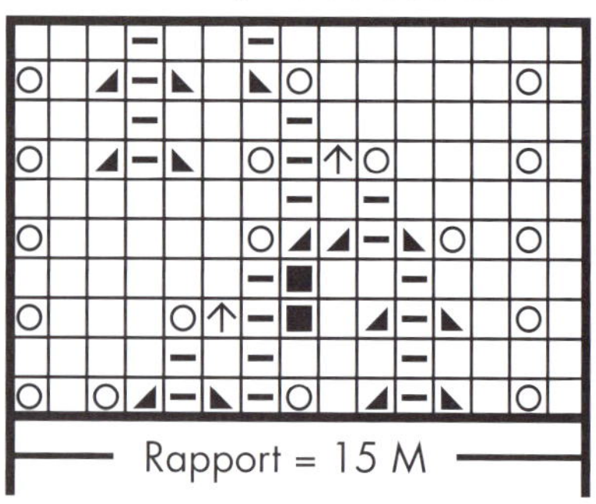

Kindersocken mit Lochmuster

Größe 26/27

Material: Regia 4fädig, 50 g in Hellgrün Fb 622.
1 Nadelspiel Nr. 2 bis 3.

Bündchenmuster: 1 M rechts, 1 M links im Wechsel stricken.

Grundmuster: M-Zahl teilbar durch 12. Siehe Schema auf Seite 39 (unten links). Es ist jede Runde gezeichnet.
Die 1. bis 8. Runde stets wiederholen.

Glatt rechts: Hinr rechte M, Rückr linke M, in Runden nur rechte M.

Maschenprobe: Glatt rechts 30 M und 42 R bzw. Runden = 10 x 10 cm.

Anleitung
48 M anschlagen und für den Rollrand 2,5 cm glatt rechts stricken.
Dann im Grundmuster arbeiten, den Rapport von 12 M 4x stricken.
In 10 cm Höhe die Ferse stricken.
Für den Fuß über die M der 2. und 3. Nadel im Grundmuster, die M der 1. und 4. Nadel glatt rechts stricken.
Die Spitze glatt rechts stricken.
Beide Socken gleich arbeiten.

Zeichenerklärung
□ = 1 M rechts
⊟ = 1 M links
◎ = 1 Umschlag
◪ = 2 M rechts zusammenstricken
◩ = 1 M rechts abheben, 1 M rechts stricken und die abgehobene M überziehen
⇑ = 2 M zusammen rechts abheben, 1 M rechts stricken und die abgehobenen M überziehen
■ = nicht vorhandene M, dient nur der besseren Übersicht

Damensocken in Hellgrün

Größe 36/37

Material: Regia 4fädig, 100 g in Hellgrün Fb 622.
1 Nadelspiel Nr. 2 bis 3.

Bündchenmuster: 1 M rechts, 1 M links im Wechsel stricken.

Grundmuster: M-Zahl teilbar durch 4. Siehe Schema unten rechts. Es ist jede Runde gezeichnet. Achtung: In der 7. Runde die 1. M der 1. Nadel rechts stricken und diese M am Ende der Runde mit der letzten M der 4. Nadel verkreuzen. Die 1. bis 8. Runde stets wiederholen.

Glatt rechts: Hinr rechte M, Rückr linke M, in Runden nur rechte M.

Maschenprobe: Glatt rechts 30 M und 42 R bzw. Runden = 10 x 10 cm.

Anleitung
60 M anschlagen und für die Mäusezähnchenkante 5 Runden rechte M stricken. In der folgenden Runde immer im Wechsel 2 M rechts zusammenstricken und 1 Umschlag arbeiten. Noch 5 Runden rechte M stricken, in der letzten Runde vor jeder M 1 M der Anschlagkante auf die linke Nadel heben und beide M rechts zusammenstricken.
Weiter im Grundmuster arbeiten, den Rapport von 4 M 15x stricken.
In 16 cm Höhe die Ferse arbeiten. Für den Fuß über die mittleren 28 M der 2. und 3. Nadel im Grundmuster, die übrigen M glatt rechts stricken.
Die Spitze glatt rechts stricken.
Beide Socken gleich arbeiten.

Grundmuster, Kindersocken

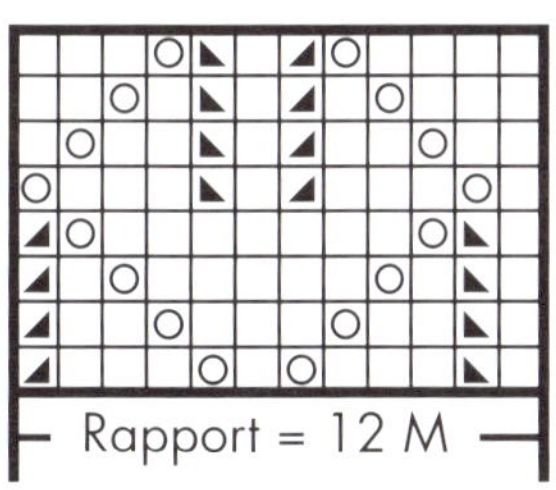

Zeichenerklärung
☐ = 1 M rechts
◎ = 1 Umschlag
◢ = 2 M rechts zusammenstricken
◣ = 1 M rechts abheben, 1 M rechts stricken und die abgehobene M überziehen

Grundmuster, hellgrüne Socken

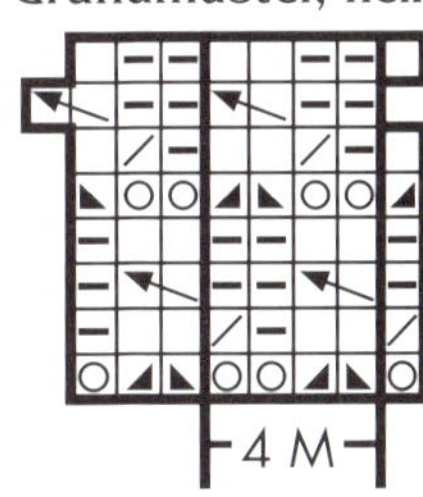

Zeichenerklärung
☐ = 1 M rechts
⊟ = 1 M links
⧄ = 1 M links verschränkt
◎ = 1 Umschlag
◢ = 2 M rechts zusammenstricken
◣ = 1 M rechts abheben, 1 M rechts stricken und die abgehobene M überziehen
⇖ = 1 M mit einer Hilfsnadel vor die Arbeit legen, 1 M rechts, dann die M der Hilfsnadel rechts stricken

Socken mit Körbchenmuster

Größe 38/39

Material: Regia 4fädig, 100 g in Braun-Rost-Meliert Fb 1966 bzw. 100 g in Beigemeliert Fb 2046.
1 Nadelspiel Nr. 2 bis 3.

Bündchenmuster: 1 M rechts, 1 M links im Wechsel stricken.

Kraus rechts: 1 Runde rechte M und 1 Runde linke M im Wechsel stricken.

Glatt rechts: Hinr rechte M, Rückr linke M, in Runden nur rechte M stricken.

Körbchenmuster: Über 17 M nach dem Schema stricken. Es sind nur die ungeraden Runden gezeichnet, in den geraden Runden alle M und Umschläge rechts stricken.
Die 1. bis 12. Runde stets wiederholen.
Achtung: Innerhalb des Musters verändert sich die M-Zahl; nach der 11. Runde sind wieder 17 M auf den Nadeln. Deshalb Ferse und Spitze immer nach einer 12. Runde beginnen.

Maschenprobe: Glatt rechts 30 M und 42 R bzw. Runden = 10 x 10 cm.

Anleitung
Socken in Braun-Rost-Meliert
60 M anschlagen und 1 cm im Bündchenmuster stricken.
Glatt rechts mit Körbchenmuster in der vorderen Mitte weiterarbeiten: die M der 1. und 4. Nadel rechts stricken, bei der 2. Nadel 7 M glatt rechts, dann die 1. bis 8. M des Körbchenmusters; bei der 3. Nadel die 9. bis 17. M des Körbchenmusters und 6 M glatt rechts stricken.
In 18 cm Höhe, nach 72 Runden im Körbchenmuster, die Ferse stricken.
Für den Fuß über den mittleren 17 M der 2. und 3. Nadel weiter im Körbchenmuster, die M der 1. und 4. Nadel glatt rechts stricken.
Nach weiteren 17 cm über alle M glatt rechts weiterarbeiten und die Spitze stricken.
Beide Socken gleich arbeiten.

Zeichenerklärung
☐ = 1 M links
⊡ = 1 M rechts
◎ = 1 Umschlag
◣ = 1 M rechts abheben, 1 M rechts stricken und die abgehobene M überziehen
⍐ = 2 M zusammen rechts abheben, 1 M rechts stricken und die abgehobenen M überziehen

Schema für das Körbchenmuster

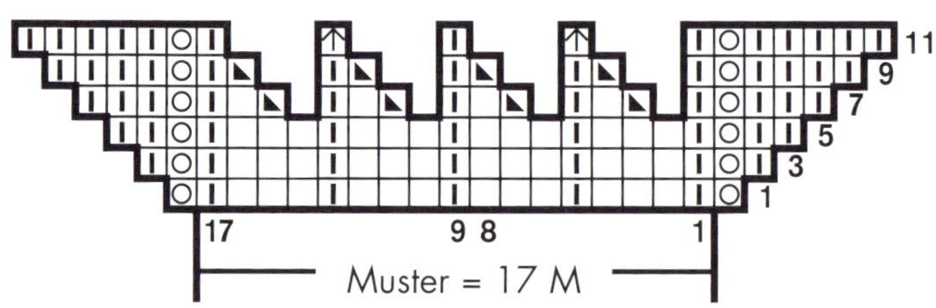

Anleitung
Socken in Beigemeliert

60 M anschlagen und 2 cm kraus rechts stricken. Glatt rechts mit Körbchenmuster an den Seiten weiterarbeiten: Bei der 1. Nadel 7 M glatt rechts, dann die 1. bis 8. M des Körbchenmusters; bei der 2. Nadel die 9. bis 17. M des Körbchenmusters und 6 M glatt rechts stricken; bei der 3. Nadel 6 M glatt rechts und die 1. bis 9. M des Körbchenmusters stricken; bei der 4. Nadel die 10. bis 17. M des Körbchenmusters und 7 M glatt rechts stricken.
In 16 cm Höhe, nach 60 Runden im Körbchenmuster, die Ferse stricken.
Für den Fuß über den M der 1. und 4. Nadel glatt rechts, über den M der 2. und 3. Nadel weiter je ein halbes Körbchenmuster wie vorher arbeiten.
Nach weiteren 17 cm über alle M glatt rechts weiterarbeiten und die Spitze stricken.

Schick und praktisch

Socken mit Kästchenmuster

Größe 38/39

Material: Regia 4fädig, 100 g in Schwarz Fb 2066 und 50 g in Weiß Fb 2080. 1 Nadelspiel Nr. 2 bis 3.

Bündchenmuster: 2 M rechts, 2 M links im Wechsel stricken.

Glatt rechts: Hinr rechte M, Rückr linke M, in Runden nur rechte M.

Kästchenmuster: In Jacquardtechnik glatt rechts nach dem Schema auf Seite 43 (unten links) stricken.
M-Zahl teilbar durch 8.
Es ist jede Runde gezeichnet.
Die 1. bis 8. Runde stets wiederholen.

Maschenprobe Jacquardmuster: 30 M und 33 R bzw. Runden = 10 x 10 cm.

Anleitung
64 M in Schwarz anschlagen und 3 cm im Bündchenmuster stricken.
Weiter glatt rechts 1 Runde in Schwarz, dann im Kästchenmuster stricken, den Rapport von 8 M stets wiederholen.
In 15 cm Höhe die Ferse in Schwarz stricken. Dann weiter für den Fuß über den M der 2. und 3. Nadel im Jacquardmuster, über den M der 1. und 4. Nadel in den zweifarbigen Runden immer je 1 M in der jeweiligen Farbe im Wechsel stricken.
Die Spitze in Schwarz stricken.
Beide Socken gleich arbeiten.

Socken mit Jacquardmuster

Größe 38/39

Material: Regia 4fädig, 100 g in Schwarz Fb 2066 und 50 g in Weiß Fb 2080.
1 Nadelspiel Nr. 2 bis 3.

Bündchenmuster: 1 M rechts, 1 M links im Wechsel stricken.

Glatt rechts: Hinr rechte M, Rückr linke M, in Runden nur rechte M.

Jacquardmuster: M-Zahl teilbar durch 4.
1. Runde: * 1 M in Weiß, 3 M in Schwarz, ab * wiederholen.
2. Runde: * 3 M in Weiß, 1 M in Schwarz, ab * wiederholen.
3. Runde: * 1 M in Weiß, 3 M in Schwarz, ab * wiederholen.
4. Runde: * 1 M in Weiß, 1 M in Schwarz, 2 M in Weiß, ab * wiederholen.
Die 1. bis 4. Runde stets wiederholen.

Maschenprobe Jacquardmuster: 30 M und 32 R bzw. Runden = 10 x 10 cm.

Anleitung
60 M in Schwarz anschlagen und 6 cm im Bündchenmuster stricken.
Weiter glatt rechts 1 Runde in Schwarz, dann im Jacquardmuster stricken.
In 18 cm Höhe die Ferse in Schwarz stricken. Dann weiter für den Fuß über die M der 2. und 3. Nadel im Jacquardmuster, über die M der 1. und 4. Nadel immer je 1 M in der jeweiligen Farbe im Wechsel stricken.
Die Spitze in Schwarz stricken.
Beide Socken gleich arbeiten.

Schema für das Kästchenmuster

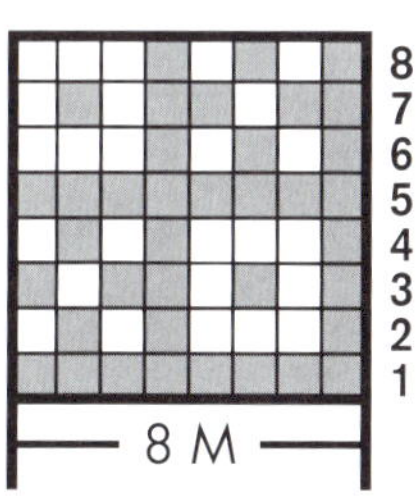

Zeichenerklärung
☐ = 1 M in Weiß
▨ = 1 M in Schwarz

Socken mit geringeltem Fuß

Größe 38/39

Material: Regia 6fädig, 100 g in Schwarz Fb 2066 und 50 g in Weiß Fb 2080.
2 Nadelspiele Nr. 3 bis 4.

Glatt rechts: Hinr rechte M, Rückr linke M, in Runden nur rechte M.

Jacquardmuster: M-Zahl teilbar durch 4. Glatt rechts nach dem Schema stricken. Es ist jede Runde gezeichnet.
Die 1. bis 10. Runde stets wiederholen.

Maschenprobe Jacquardmuster: 22 M und 25 Runden, glatt rechts: 22 M und 30 R bzw. Runden = 10 x 10 cm.

Anleitung
Für den 1. Rollrand 48 M in Schwarz anschlagen und 12 Runden glatt rechts stricken. Dann für den 2. Rollrand 48 M in Weiß anschlagen und 10 Runden glatt rechts stricken. Nun den weißen Rollrand über den schwarzen ziehen und noch 1 Runde in Weiß stricken, dabei immer je 1 M der beiden Nadeln rechts zusammenstricken.
Weiter glatt rechts im Jacquardmuster stricken, den Rapport von 8 M stets wiederholen.
In 12 cm Höhe ab Rollrand die Ferse in Schwarz stricken. Dann weiter für den Fuß immer im Wechsel je 5 Runden in Schwarz und Weiß arbeiten. Die Spitze in Schwarz stricken.
Beide Socken gleich arbeiten.

Schema für das Jacquardmuster

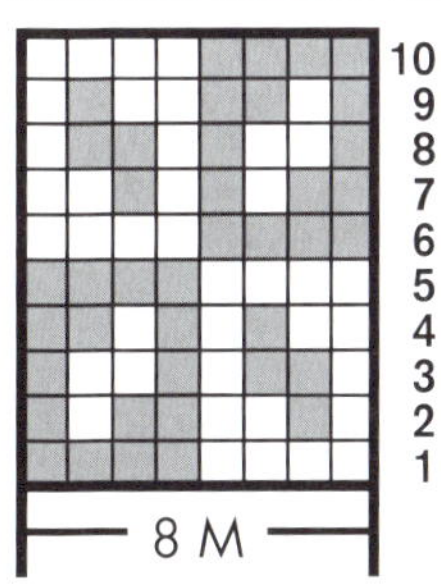

Zeichenerklärung
☐ = 1 M in Weiß
▨ = 1 M in Schwarz

Socken mit großem Zeh

Die Anleitung für diese Socke mit großem Zeh und einseitiger Bandspitze gilt für **Größe 36/37**. Für die weiteren Größen entnehmen Sie die Angaben für das Aufteilen der M, die einseitige Bandspitze und die M-Zahl sowie den Abnahmerhythmus für den großen Zeh der Tabelle.

Material: Regia 4fädig, 100 g in Schwarz Fb 2066 und 50 g in Weiß Fb 2080.
1 Nadelspiel Nr. 2 bis 3.

Bündchenmuster: 1 M rechts, 1 M links im Wechsel stricken.

Glatt rechts: Hinr rechte M, Rückr linke M, in Runden nur rechte M.

Strukturmuster: M-Zahl teilbar durch 6. Bei abgehobenen M den Faden locker hinter der Arbeit weiterführen. Den Rapport von * bis * stets wiederholen. Bei Socken mit nicht durch 6 teilbarer M-Zahl die nächst größere durch 6 teilbare M-Zahl anschlagen und die zusätzlichen M nach dem Strukturmuster wieder abnehmen (jeweils 2 M rechts zusammenstricken).
1. Runde: In Weiß. Rechts stricken.
2. Runde: In Weiß. Links stricken.
3. und 4. Runde: In Schwarz. * 3 M rechts stricken, 1 M links abheben, 1 M rechts stricken, 1 M links abheben *.
5. Runde: In Weiß. * 3 M links abheben, 1 M rechts stricken, 1 M links abheben, 1 M rechts stricken *.
6. Runde: In Weiß. * 3 M links abheben, 1 M links stricken, 1 M links abheben, 1 M links stricken *.
7. bis 10. Runde: Wie die 3. bis 6. Runde stricken.
11. bis 16. Runde: Wie die 1. bis 6. Runde stricken.
Die 1. bis 16. Runde stets wiederholen.

Maschenprobe: Im Strukturmuster 30 M und 70 Runden, glatt rechts 30 M und 42 R bzw. Runden = 10 x 10 cm.

Anleitung
Rechte Socke: 60 M in Schwarz anschlagen, 3 cm im Bündchenmuster und 1 Runde rechte M stricken. In 19 cm Höhe, nach 98 Runden im Strukturmuster, weiter in Schwarz Ferse und Fuß stricken.
In der entsprechenden Höhe (ca. 18,5 cm ab Fersenmitte gemessen) die einseitige Bandspitze mit extra gestricktem großen Zeh arbeiten. Für den Zeh 20 M stilllegen = jeweils 10 M am Ende der 3. Nadel und am Anfang der 4. Nadel.
Für den Steg zwischen den M von Zeh und der einseitigen Bandspitze 4 Steg-M neu anschlagen = 44 M bzw. je 2 M zusätzlich für die 3. und 4. Nadel. Nun die

Einseitige Bandspitze und großer Zeh für Socken aus Regia 4fädig

Größe	34/35	36/37	38/39	40/41	42/43	44/45	46/47
Aufteilen der Maschen							
M-Zahl, großer Zeh	16	20	20	22	22	22	26
M-Zahl, einseitige Bandspitze	40	40	40	42	42	46	46
M-Anschlag, Steg	4	4	4	6	6	6	6
Einseitige Bandspitze							
Gesamte Maschenzahl	44	44	44	48	48	52	52
Abnahmen von jeweils 1 M nach der 1. Abnahmerunde							
in jeder 2. Runde	2x	3x	3x	3x	3x	3x	3x
in jeder Runde	7x	6x	6x	8x	8x	10x	10x
Abnahme von jeweils 2 M in jeder Runde	4x	4x	4x	4x	4x	4x	4x
Großer Zeh							
Gesamte M-Zahl	20	24	24	28	28	28	32
Länge bis Spitzenbeginn (cm)	3,5	4	4	4,5	4,5	5	5
Bandspitze: Abnahmen nach der 1. Abnahmerunde							
in jeder 2. Runde	1x	1x	1x	1x	1x	1x	1x
in jeder Runde	1x	2x	2x	3x	3x	3x	4x

Bandspitze arbeiten. Dafür jeweils bis 3 M vor Ende der 1. Nadel stricken, dann 2 M rechts zusammenstricken; bei der 2. Nadel die 1. M rechts stricken, die folgende M rechts abheben, 1 M rechts stricken und die abgehobene M überziehen. Diese Abnahmen in jeder 2. Runde 3x und danach in jeder Runde 6x arbeiten = 24 M. Nun in jeder Runde noch 4x je 2 M abnehmen; dafür bei der 1. Nadel bis 4 M vor Nadelende stricken, dann 3 M rechts zusammenstricken, bei der 2. Nadel die 1. M rechts stricken, dann 1 M rechts abheben, 2 M rechts zusammenstricken und die abgehobene M überziehen = 8 M nach allen Abnahmen. Diese M mit doppeltem Faden fest zusammenziehen oder die 4 M der Bänder gegeneinander legen und die Naht mit Maschenstichen schließen.
Für den großen Zeh zu den stillgelegten M aus den Steg-M 4 M auffassen = 24 M, die M gleichmäßig auf 4 Nadeln verteilen, Rundenbeginn ist in der unteren Mitte. 4 cm gerade hochstricken, dann die Bandspitze arbeiten: Bei der 1. und 3. Nadel bis 3 M vor Ende der Nadel stricken, dann 2 M rechts zusammenstricken; bei der 2. und 4. Nadel 1 M rechts stricken, 1 M rechts abheben, 1 M rechts stricken und die abgehobene M überziehen. Diese Abnahmen, wie in der Tabelle angegeben, in der folgenden 2. Runde 1x, dann in jeder Runde 2x wiederholen. Die restlichen 8 M mit doppeltem Faden fest zusammenziehen.

Linke Socke: Bis zur Spitze ebenso arbeiten, dann die je 10 M für den großen Zeh am Ende der 1. Nadel und am Anfang der 2. Nadel stilllegen; die einseitige Bandspitze am Ende der 3. Nadel und am Anfang der 4. Nadel stricken, den Zeh wie bei der rechten Socke arbeiten.

Hüttenschuhe mit Jacquardmuster

Größe 42/43

Material: Regia 4fädig, 100 g in Weiß Fb 2080 und je 50 g in Blau Fb 540 und Türkis Fb 1255.
1 Nadelspiel Nr. 4 bis 5, 1 Paar Ledersohlen Größe 42/43 (von Schachenmayr) sowie 1 Sticknadel ohne Spitze.

Achtung: Die Socken werden mit doppeltem Faden gestrickt!

Bündchenmuster: 2 M rechts, 2 M links im Wechsel stricken.

Glatt rechts: Hinr rechte M, Rückr linke M, in Runden nur rechte M.

Jacquardmuster: Glatt rechts nach dem Schema stricken. M-Zahl teilbar durch 8. Es ist jede Runde gezeichnet.
Die 1. bis 33. Runde 1x wiederholen, dann die 1. bis 3. Runde stricken.

Schema für das Jacquardmuster

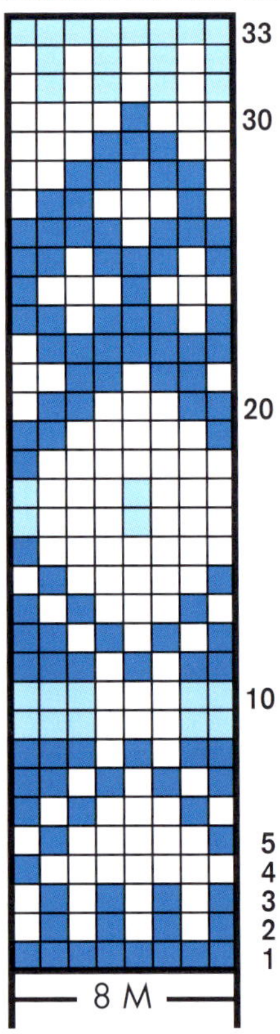

Zeichenerklärung
☐ = 1 M in Weiß
■ = 1 M in Blau
☐ = 1 M in Türkis

Maschenprobe: Im Jacquardmuster mit doppeltem Faden 20 M und 22 R bzw. Runden = 10 x 10 cm.

Anleitung
48 M mit doppeltem Faden in Weiß anschlagen und 8 cm im Bündchenmuster stricken.
Weiter im Jacquardmuster arbeiten, den Rapport von 8 M 6x stricken.
In 23 cm Höhe, nach der 33. Runde, die Ferse in Türkis arbeiten. Dann weiter für den Fuß im Jacquardmuster die 1. bis 33. Runde und die 1. bis 3. Runde stricken, dann die Spitze in Blau stricken.
Beide Socken gleich arbeiten.
Die Sohlen mit doppeltem Faden in Blau mit Kreuzstichen annähen.

Hüttenschuhe mit Umschlag

Größe 38/39

Material: Regia 4fädig, 150 g in Blau Fb 540 und je 50 g in Weiß Fb 2080 und Türkis Fb 1255.
1 Nadelspiel Nr. 4 bis 5, 1 Paar Ledersohlen Größe 38/39 (von Schachenmayr) sowie 1 Sticknadel ohne Spitze.

Achtung: Die Socken werden mit doppeltem Faden gestrickt!

Glatt rechts: Hinr rechte M, Rückr linke M, in Runden nur rechte M.

Zeichenerklärung
☐ = 1 M in Weiß
■ = 1 M in Blau
☐ = 1 M in Türkis, wird nachträglich im Maschenstich aufgestickt

Schema für das Jacquardmuster

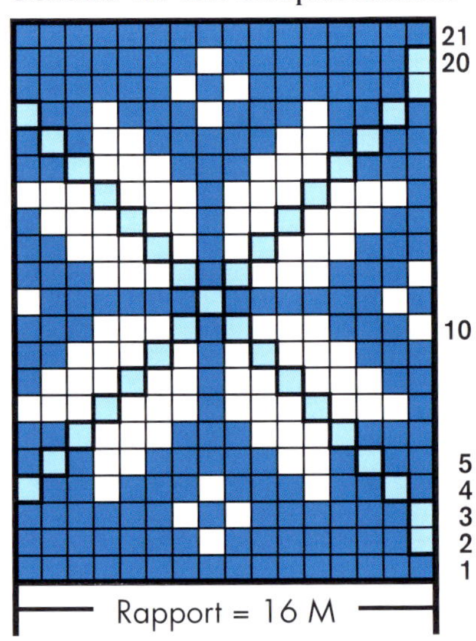

Jacquardmuster: Glatt rechts nach dem Schema stricken. M-Zahl teilbar durch 16. Es ist jede Runde gezeichnet.
1x 1. bis 21. Runde stricken.

Maschenprobe: Im Jacquardmuster mit doppeltem Faden 20 M und 22 Runden, glatt rechts 20 M und 28 R bzw. Runden = 10 x 10 cm.

Anleitung
48 M mit doppeltem Faden in Weiß anschlagen und für den Umschlag 4 Runden linke M, 21 Runden im Jacquardmuster, dann in Weiß 1 Runde rechte M, 4 Runden linke M und 1 Runde rechte M stricken.
Nun die Arbeit wenden und auf der Innenseite glatt rechts weiterarbeiten. Den Schaft glatt rechts in Blau stricken, dabei in der 1. Runde verteilt 4x 2 M rechts zusammenstricken = 44 M.
In 13 cm Höhe ab Umschlag Ferse, Fuß und Spitze in Blau stricken. Beide Socken gleich arbeiten.
Auf den Umschlag mit doppeltem Faden die türkisfarbenen Maschen nach dem Schema sticken.
Die Sohlen mit doppeltem Faden in Türkis mit Kreuzstichen annähen.

Bettschuhe

Größe 30/31, 34/35 und 38/39
Die Angaben für Größe 30/31 stehen vor der Klammer, für Größe 34/35 und 38/39 in der Klammer vor bzw. nach dem Schrägstrich. Steht nur eine Angabe, gilt sie für alle Größen.

Material: Regia 8fädig, 150 (150/200) g in Kirsche Fb 2002 oder in Natur Fb 1992.
1 Nadelspiel und 1 Häkelnadel Nr. 7 bis 8.

Kraus rechts: Mit doppeltem Faden jede R rechts, in Runden je 1 Runde linke und rechte M im Wechsel stricken.

Maschenprobe: Mit doppeltem Faden 12 M und 20 R bzw. Runden bzw. 10 Rippen = 10 x 10 cm.

Anleitung
Mit der Sohle an der Ferse beginnen. Mit doppeltem Faden 8 (9/10) M anschlagen und in Reihen kraus rechts stricken.
In 20 (22/25) cm Höhe weiter in Runden arbeiten. Dafür über die 8 (9/10) M 1 Hinreihe rechts stricken, dann mit der 2. Nadel aus dem Seitenrand 20 (22/25) M, mit der 3. Nadel aus dem Anschlag- bzw. Fersenrand 8 (9/10) M und mit der 4. Nadel 20 (22/25) M aus dem 2. Seitenrand aufnehmen = 56 (62/70) M. Weiter in Runden kraus rechts arbeiten. In der 1. Runde werden alle M links gestrickt.
In 4,5 (4,5/5,5) cm Höhe, 9 (9/11) Runden ab Sohle bzw. nach einer linken Runde, für den Oberfuß in R nur über die 8 (9/10) M der 1. Nadel kraus rechts stricken und die restlichen 48 (53/60) M stilllegen.
* In der folgenden Hinr 7 (8/9) M rechts stricken, die letzte M rechts abheben, 1 (stillgelegte) M des Seitenteils rechts stricken und die abgehobene M überziehen, wenden; 7 (8/9) M rechts stricken, die letzte M rechts abheben, 1 (stillgelegte) M des Seitenteils rechts stricken und die abgehobene M überziehen, wenden. Diese Abnahmen ab * 7 (8/10)x wiederholen; an den Seiten bleiben nach der letzten Abnahme noch je 12 (13/14) M übrig. Dann noch mal wenden und über alle 40 (44/48) M 1 Runde stricken, dabei für den Kordeldurchzug immer im Wechsel 2 M rechts zusammenstricken und 1 Umschlag arbeiten. Über alle M und Umschläge noch 1 Runde links stricken, dann die M abketten, dabei rechts stricken.
Mit doppeltem Faden um den Sohlenrand 1 Runde feste M häkeln, dabei die M in die waagerechten Querglieder der M der 1. Runde häkeln. Danach den Abkettrand mit 1 Runde Krebsm (= feste M von links nach rechts) umhäkeln. Eine ca. 75 cm lange Kordel anfertigen und durch die Lochreihe ziehen.
Beide Schuhe gleich arbeiten.

Rot melierte Damensocken

Größe 38/39

Material: Regia 4fädig, 100 g in Rotmeliert Fb 1937.
1 Nadelspiel Nr. 2 bis 3.

Bündchenmuster: 1 M rechts, 1 M links im Wechsel stricken.

Glatt rechts: Hinr rechte M, Rückr linke M, in Runden nur rechte M.

Maschenprobe: Glatt rechts 30 M und 42 R bzw. Runden = 10 x 10 cm.

Anleitung
60 M anschlagen und 4 cm im Bündchenmuster stricken.
Weiter glatt rechts arbeiten und in 18 cm Höhe Ferse und Fuß stricken.
Beide Socken gleich arbeiten.

Socken mit Wellenmuster

Größe 38/39

Material: Regia 4fädig, 100 g in Buntmeliert Fb 5033 und 50 g in Marine Fb 324.
1 Nadelspiel Nr. 2 bis 3.

Glatt rechts: Hinr rechte M, Rückr linke M, in Runden nur rechte M.

Wellenmuster: M-Zahl teilbar durch 11.
Siehe Schema. Es ist jede Runde gezeichnet.
Die 1. bis 6. Runde stets wiederholen.

Maschenprobe: Im Wellenmuster 30 M und 48 Runden, glatt rechts 30 M und 42 R bzw. Runden = 10 x 10 cm.

Anleitung
66 M in Meliert anschlagen, 1 Runde linke M stricken, dann im Wellenmuster arbeiten.
In 18 cm Höhe in Meliert weiter Ferse und Fuß glatt rechts stricken.
Beide Socken gleich arbeiten.

Kindersocken mit Jacquardmuster

Größe 30/31

Material: Regia 4fädig, je 50 g in Marine Fb 324 und Buntmeliert Fb 5033.
1 Nadelspiel Nr. 2 bis 3.

Bündchenmuster: 1 M rechts, 1 M links im Wechsel stricken.

Glatt rechts: Hinr rechte M, Rückr linke M, in Runden nur rechte M.

Jacquardmuster: M-Zahl teilbar durch 6.
Siehe Schema. Es ist jede Runde gezeichnet.
Die 1. bis 12. Runde stets wiederholen.

Maschenprobe: Im Jacquardmuster 30 M und 48 Runden, glatt rechts 30 M und 42 R bzw. Runden = 10 x 10 cm.

Anleitung
54 M in Marine anschlagen und 2 cm im Bündchenmuster stricken.
Weiter im Jacquardmuster arbeiten, den Rapport von 6 M 9x stricken.
In 13,5 cm Höhe die Ferse in Marine stricken.
Weiter glatt rechts den Fuß in Buntmeliert, die Spitze in Marine stricken.
Beide Socken gleich arbeiten.

Schema für das Wellenmuster

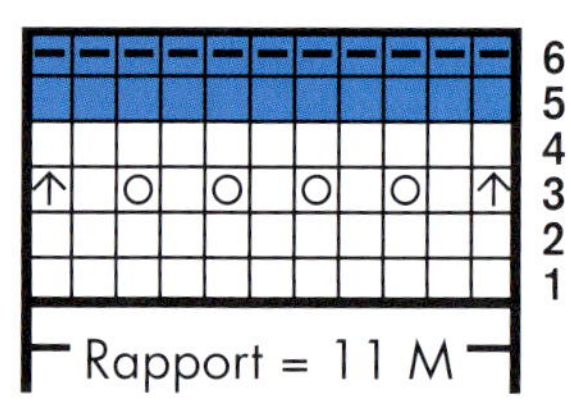

Zeichenerklärung
□ = 1 rechte M in Buntmeliert
◙ = 1 Umschlag in Buntmeliert
⇑ = in Buntmeliert 2 M zusammen rechts abheben, 1 M rechts stricken, die abgehobenen M überziehen
■ = 1 rechte M in Marine
■ = 1 linke M in Marine

Schema für das Jacquardmuster

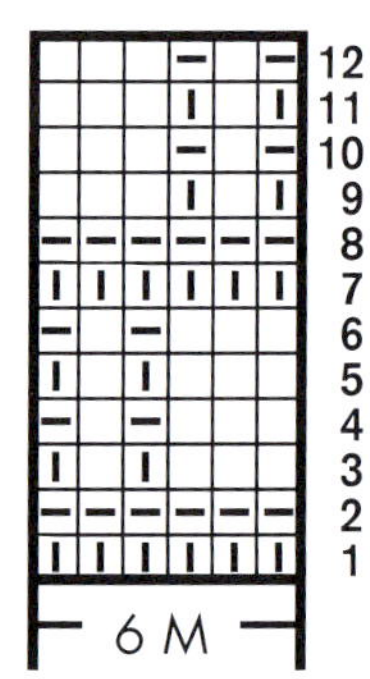

Zeichenerklärung
□ = 1 rechte M in Buntmeliert
⎕ = 1 rechte M in Marine
⊟ = 1 linke M in Marine

Kindersocken mit Rollrand

Größe 30/31

Material: Regia 4fädig, je 50 g in Hellgelb Fb 2060, Gelb Fb 612, Orange Fb 1259, Rot Fb 2054, Hellgrün Fb 622, Grün Fb 1254, Hellblau Fb 1945, Blau Fb 614, Schwarz Fb 2066 und Weiß Fb 2080. 2 Nadelspiele Nr. 4 bis 5.

Achtung: Die Socken werden mit doppeltem Faden gestrickt!

Glatt rechts: Hinr rechte M, Rückr linke M, in Runden nur rechte M.

Jacquardmuster: Glatt rechts nach dem Schema stricken. M-Zahl teilbar durch 4. Es ist jede Runde gezeichnet. Die 1. bis 24. Runde wiederholen. Für die Sohle im Wechsel je 1 M in den entsprechenden Farben stricken und das Muster in jeder Runde versetzt arbeiten.

Maschenprobe: Im Jacquardmuster mit doppeltem Faden 20 M und 23 R bzw. Runden = 10 x 10 cm.

Anleitung
36 M mit doppeltem Faden in Rot anschlagen und für den 1. Rollrand 10 Runden glatt rechts stricken. Die M stilllegen. Für den 2. Rollrand in Orange 36 M anschlagen und 8 Runden glatt rechts stricken. Dann den orangefarbenen Rollrand über den roten ziehen und noch 1 Runde in Rot stricken, dabei immer je 1 M der beiden Nadeln rechts zusammenstricken.
Weiter im Jacquardmuster arbeiten. In 10,5 cm Höhe ab Rollrand, nach 25 Runden, die Ferse in Hellgrün stricken. Für den Fuß über die M der 2. und 3. Nadel im Jacquardmuster, über die M der 1. und 4. Nadel immer je 1 M in den beiden Farben stricken und die Farben in jeder Runde versetzt arbeiten. Die Spitze in Hellgelb stricken.
Beide Socken gleich arbeiten.

Schema, Damensocken

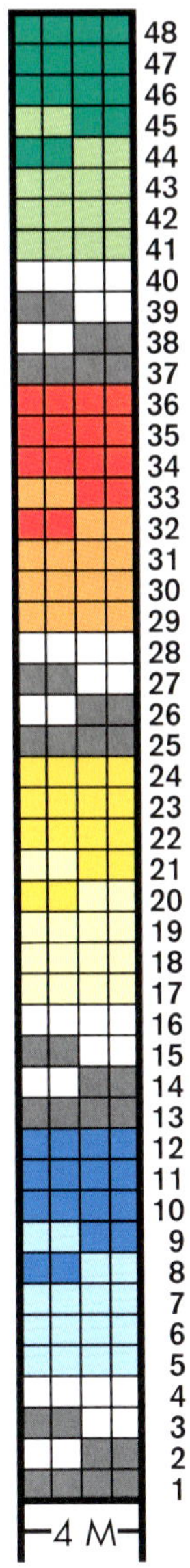

Schema, Kindersocken

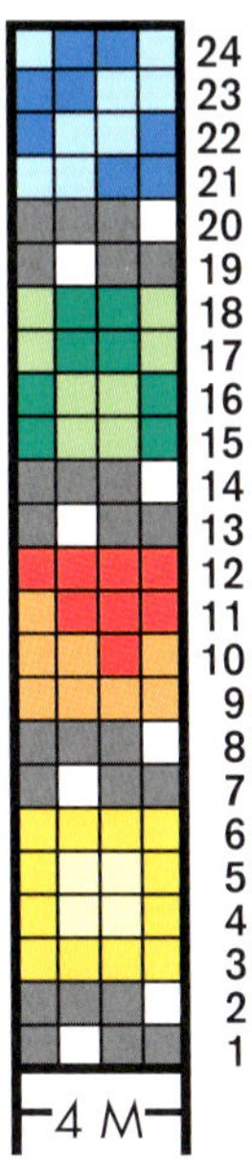

Zeichenerklärung
- □ = Weiß
- ■ = Schwarz
- □ = Hellgelb
- □ = Gelb
- □ = Orange
- ■ = Rot
- □ = Hellgrün
- ■ = Grün
- □ = Hellblau
- ■ = Blau

Damensocken mit Ringeln

Größe 36/37

Material: Siehe Kindersocken mit Rollrand.
1 Nadelspiel Nr. 2 bis 3.

Kreuzanschlag: Er wird mit einem einfachen und einem doppelten Faden gearbeitet. Letzterer muss mindestens doppelt so lang sein wie die Länge der Anschlagkante. Der einfache Faden (vom Knäuel) liegt über dem Zeigefinger, der doppelte Faden über dem Daumen der linken Hand. Eine Anfangsschlinge arbeiten.
Für die **1. M** den doppelten Faden von außen über den Daumen legen, mit der rechten Nadel unter dem äußeren Doppelfaden durchstechen und den einfachen Faden durchholen.
Für die **2. M** den Doppelfaden von innen nach außen über den Daumen legen, mit der rechten Nadel unter dem inneren Doppelfaden durchstechen und den einfachen Faden durchholen.
Die 1. und 2. M im Wechsel bis zur erforderlichen M-Zahl arbeiten.

Glatt rechts: Hinr rechte M, Rückr linke M, in Runden nur rechte M.

Jacquardmuster: Glatt rechts nach dem Schema stricken. M-Zahl teilbar durch 4. Es ist jede Runde gezeichnet.

Maschenprobe: Im Jacquardmuster 20 M und 23 R bzw. Runden = 10 x 10 cm.

Anleitung
60 M mit Kreuzanschlag anschlagen, als einfachen Faden Schwarz und als doppelten Faden Schwarz und Weiß zusammen verwenden. Dann die 1. bis 48. Runde und noch einmal die 1. und 2. Runde des Jacquardmusters stricken = 12 cm Schaftlänge.
Nun die Ferse in Schwarz arbeiten und weiter bis zur Spitze über alle M im Jacquardmuster die 3. bis 48. Runde und dann noch einmal die 1. bis 4. Runde stricken. Die Spitze in Schwarz arbeiten.
Beide Socken gleich arbeiten, nach Wunsch bei der 2. Socke die Spitze in Weiß stricken.

Niedliches für kleine Füße

Babyschuhe in Orange

Material: Regia 4fädig, 50 g in Orange Fb 1259. 1 Nadelspiel Nr. 2 bis 3 sowie 1 Sticknadel ohne Spitze.

Kraus rechts: Jede R rechts stricken, in Runden je 1 Runde rechte und linke M im Wechsel stricken.

Maschenprobe: 30 M und 60 R bzw. Runden = 10 x 10 cm.

Anleitung
Die Schuhe werden von oben nach unten gestrickt, Rundenbeginn ist in der hinteren Mitte.
36 M anschlagen und 6 Runden kraus rechts, dann jede Runde rechts stricken. In 5 cm Höhe für den Kordeldurchzug immer im Wechsel 2 M rechts zusammenstricken und 1 Umschlag arbeiten. Noch 1 Runde rechts über alle M und Umschläge arbeiten, dann weiter für die Fußoberseite in R nur über die mittleren 12 M der 2. und 3. Nadel kraus rechts stricken, die restlichen 24 M stilllegen.
Nach weiteren 4 cm (= 24 R) wieder in Runden weiterstricken, Rundenbeginn ist jetzt vor den 12 M der Fußoberseite. Mit der 1. Nadel über die 12 M des Oberfußes rechts stricken, dann mit der 2. Nadel aus der Seitenkante 12 M aufnehmen und von den stillgelegten M 6 M dazustricken = 18 M. Mit der 3. Nadel für die Ferse die folgenden 12 M stricken, dann mit der 4. Nadel die restlichen stillgelegten 6 M stricken und 12 M dazu aufnehmen = insgesamt 60 M. Nun kraus rechts weiterstricken, mit 1 Runde links beginnen.
In der 12. Runde (= rechts gestrickte Runde) 1x, dann in jeder 2. Runde 4x, also insgesamt 5x, je 4 M abnehmen. Dafür jeweils am Anfang der 1. Nadel (vordere Mitte) 1 M rechts abheben, 1 M rechts stricken und die abgehobene M überziehen; am Ende der 1. Nadel 2 M rechts zusammenstricken, die Abnahmen bei der 3. Nadel ebenso stricken = 40 M nach der 20. Runde; es sind jetzt noch je 2 M auf der 1. und auf der 3. Nadel. Noch 1 Runde linke M stricken, dann je 1 M der 1. und der 3. Nadel auf die 2. und 4. Nadel nehmen und die M beider Nadeln mit Maschenstichen verbinden.
Eine ca. 50 cm lange Kordel anfertigen und durch die Lochreihe ziehen.

Babyschuhe in Hellgrün

Material: Regia 4fädig, 50 g in Hellgrün Fb 622.
1 Nadelspiel Nr. 2 bis 3 sowie 1 Sticknadel ohne Spitze.

Bündchenmuster: 2 M rechts, 2 M links im Wechsel stricken.

Glatt rechts: Hinr rechte M, Rückr linke M, in Runden nur rechte M.

Zopf: Über die mittleren 6 M glatt rechts stricken und in der 3. R, dann in jeder 4. R 3 M auf einer Hilfsnadel hinter die Arbeit legen, 3 M rechts stricken, dann die M der Hilfsnadel rechts stricken.

Glatt links: Jede Runde links stricken.

Kraus rechts: Jede R rechts stricken, in Runden je 1 Runde rechte und linke M im Wechsel stricken.

Maschenprobe Glatt rechts: 30 M und 42 R bzw. Runden = 10 x 10 cm.

Anleitung
Die Schuhe werden von oben nach unten gestrickt, Rundenbeginn ist in der hinteren Mitte.
36 M anschlagen und im Bündchenmuster stricken.
In 7 cm Höhe für den Kordeldurchzug immer im Wechsel 2 M rechts zusammenstricken und 1 Umschlag arbeiten. Noch 1 Runde rechts über alle M und Umschläge arbeiten.
Weiter in R für den Oberfuß nur über die mittleren 12 M der 2. und 3. Nadel glatt rechts mit Zopf stricken, die restlichen 24 M stilllegen.
In 4 cm Höhe (nach 16 R) in Runden glatt rechts weiterstricken. Rundenbeginn ist jetzt vor den 12 M der Fußoberseite. Dafür mit der 1. Nadel über die 12 M des Oberfußes rechts stricken, mit der 2. Nadel aus der Seitenkante 12 M aufnehmen und von den stillgelegten M 6 M dazustricken = 18 M, mit der 3. Nadel für die Ferse die folgenden 12 M stricken, dann mit der 4. Nadel die restlichen stillgelegten 6 M stricken und 12 M dazu aufnehmen = insgesamt 60 M.
2 Runden rechte M, je 5 linke, rechte und linke M stricken, dann die Sohle in Runden kraus rechts arbeiten. Dabei in der 1. Runde (= rechts gestrickte Runde) 1x, dann in jeder 2. Runde noch 4x, also insgesamt 5x, je 4 M abnehmen. Dafür jeweils am Anfang der 1. Nadel 1 M rechts abheben, 1 M rechts stricken und die abgehobene M überziehen und am Ende der 1. Nadel 2 M rechts zusammenstricken; die Abnahmen bei der 3. Nadel ebenso stricken = 40 M nach der 9. Runde; es sind jetzt noch je 2 M auf der 1. und auf der 3. Nadel. Noch 1 Runde linke M stricken, dann je 1 M der 1. und 3. Nadel auf die 2. und 4. Nadel nehmen und die M beider Nadeln mit Maschenstichen verbinden.
Eine ca. 50 cm lange Kordel anfertigen und durch die Lochreihe ziehen.
Den Schaft zur Hälfte nach außen umschlagen.
Beide Schuhe gleich arbeiten.

Babysocken, Größe M

Material: Regia 4fädig, 50 g in Blau Fb 1988 bzw. in Linien Color Fb 5279.
1 Nadelspiel Nr. 2 bis 3.

Bündchenmuster: 1 M rechts, 1 M links im Wechsel stricken.

Glatt rechts: Hinr rechte M, Rückr linke M, in Runden nur rechte M stricken.

Maschenprobe: Glatt rechts 30 M und 42 R bzw. Runden = 10 x 10 cm.

Anleitung
32 M anschlagen und im Bündchenmuster stricken.
In 7 cm Höhe den Fuß glatt rechts nach Grundanleitung und Tabelle (siehe Seite 57) arbeiten. Beide Söckchen gleich arbeiten.
Achtung: Bei Söckchen aus Linien Color jedes Söckchen mit der gleichen Garnfarbe beginnen.

Kindersocken mit Häkelrand

Größe 32/33

Material: Regia 4fädig, 100 g in Ringel-Clown Fb 5048, und **Regia 8fädig**, 50 g in Blau Fb 2000. 1 Nadelspiel und 1 Häkelnadel Nr. 4 bis 5.

Achtung: Die Qualität **Regia 4fädig** wird doppelfädig verstrickt. Dabei darauf achten, dass beide Fäden mit der gleichen Stelle des Farbverlaufs beginnen.

Glatt rechts: Hinr rechte M, Rückr linke M, in Runden nur rechte M stricken.

Jacquardmuster: M-Zahl teilbar durch 4. Siehe Schema.
Nach der 1. bis 3. Runde die 4. bis 9. Runde stets wiederholen.

Maschenprobe: Im Jacquardmuster 20 M und 24 Runden, glatt rechts 20 M und 28 R bzw. Runden = 10 x 10 cm.

Anleitung
40 M in Blau anschlagen und im Jacquardmuster stricken. In 8 cm Höhe die Ferse in Blau stricken. Weiter über die M der 2. und 3. Nadel im Jacquardmuster, über die M der 1. und 4. Nadel abwechselnd je 1 M in den entsprechenden Farben stricken und die Farben in jeder Runde austauschen.
Die Spitze in Blau stricken.
Auf der Innenseite der Socken mit je 1 Faden in Blau und Ringel-Clown 3 Runden feste M mit Schlingen häkeln. Dafür die beiden Fäden in der hinteren Mitte anmaschen und 1 Luftm häkeln. * Vor der folgenden M einstechen, danach ausstechen. Für die Schlinge den Faden um den Mittelfinger legen, mit der Häkelnadel aufnehmen und durchziehen, dann den Faden durch beide auf der Nadel liegenden Schlingen ziehen. Ab * stets wiederholen. Die Einstichstelle für die folgende M ist die Ausstichstelle der letzten festen M mit Schlinge. Jede Runde mit 1 Kettm in die 1. feste M beenden und die folgende Runde mit 1 Luftm beginnen.
Beide Socken gleich arbeiten.

Tabelle für Baby- und Kleinkindersocken aus Regia 4fädig

	Babys			Kleinkinder			
Größe	S	M	L	14/15	16/17	18/19	20/21
M-Anschlag/M-Zahl je Nadel	28/7	32/8	36/9	36/9	40/10	40/10	44/11
M-Zahl für die Ferse	14	16	18	18	20	20	22
Fersenhöhe in R	12	14	16	16	18	18	20
M-Zahl für das Käppchen	4/6/4	5/6/5	6/6/6	6/6/6	6/8/6	6/8/6	7/8/7
Beidseitige M-Aufnahme	7	8	9	9	10	10	11
Zwickelabnahmen	in jeder Runde			in jeder 2. Runde			
	3x	3x	3x	3x	4x	4x	4x
Fußlänge von Fersenmitte bis Spitze in cm	5,5	6,5	7	7,5	8,5	9,5	10,5
Abnahme für Bandspitze nach der 1. Abnahme							
in der 3. Runde	1x	1x	1x	1x	1x	1x	1x
in jeder 2. Runde	2x	2x	2x	3x	3x	3x	3x
in jeder Runde	1x	2x	3x	2x	3x	3x	4x
Gesamte Fußlänge in cm	7,5	8,5	9,5	10,5	11,5	12,5	13,5

Schema für das Jacquardmuster

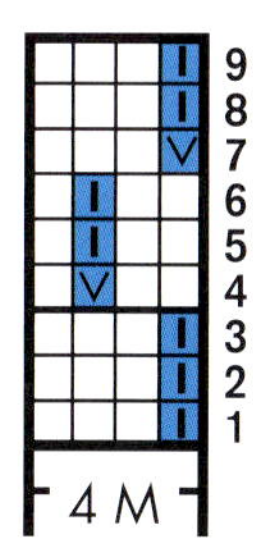

Zeichenerklärung
☐ = Ringel-Clown (doppelt), 1 M rechts
▮ = Blau, 1 M rechts
☑ = Blau, 1 M rechts, dabei 1 R tiefer in die M der Vorrunde stechen, die M darüber löst sich auf

Kindersocken mit Hebemaschen

Größe 24/25 und 26/27

Material: Regia 4fädig, je 50 g in Weiß Fb 600 und Buntmeliert Fb 5025 bzw. in Blaumeliert Nr. 5030. 1 Nadelspiel Nr. 2 bis 3.

Bündchenmuster: 1 M rechts, 1 M links im Wechsel stricken.

Grundmuster: M-Zahl teilbar durch 6. Siehe Schema. Es sind nur die ungeraden Runden gezeichnet; in den geraden Runden die M wie beschrieben stricken. Die 1. bis 12. Runde stets wiederholen.

Glatt rechts: Hinr rechte M, Rückr linke M, in Runden nur rechte M.

Kraus rechts: In Runden 1 Runde rechte M und 1 Runde linke M im Wechsel stricken.

Streifenfolge A: 4 Runden glatt rechts in Weiß, 2 Runden kraus rechts in Buntmeliert im Wechsel stricken.

Streifenfolge B: 4 Runden glatt rechts in Blaumeliert, 2 Runden kraus rechts in Weiß im Wechsel stricken.

Maschenprobe: Im Grundmuster 30 M und 60 R bzw. Runden = 10 x 10 cm.

Anleitung A
für die Socken mit farbigem Bündchen
48 M in Buntmeliert anschlagen und 2 cm im Bündchenmuster stricken.
Weiter im Grundmuster nach Streifenfolge A arbeiten, den Rapport von 6 M stets wiederholen.
In 8,5 cm Höhe, nach einer 2. Runde im Grundmuster, die Ferse in Buntmeliert stricken.
Beim Fuß über die M der 2. und 3. Nadel im Grundmuster, über die M der 1. und 4. Nadel in der Streifenfolge A entsprechend dem Grundmuster stricken.
Die Spitze in Buntmeliert stricken.
Beide Socken gleich arbeiten.

Anleitung B
für die Socken mit weißem Bündchen
48 M in Weiß anschlagen und 6 cm im Bündchenmuster stricken.
Weiter im Grundmuster nach Streifenfolge B arbeiten, den Rapport von 6 M stets wiederholen.
In 10 cm Höhe, nach einer 2. Runde im Grundmuster, die Ferse in Weiß stricken.
Beim Fuß über die M der 2. und 3. Nadel im Grundmuster, über die M der 1. und 4. Nadel in der Streifenfolge B entsprechend dem Grundmuster stricken.
Die Spitze in Weiß stricken.
Beide Socken gleich arbeiten.

Schema für das Grundmuster

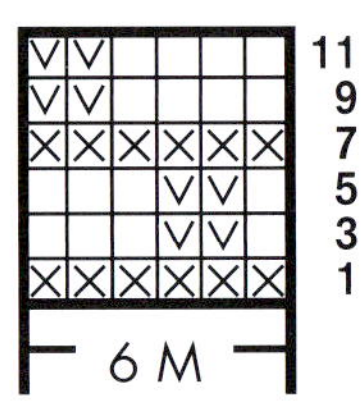

Zeichenerklärung A
☒ = kraus rechts in Buntmeliert
☐ = glatt rechts in Weiß
☑ = 1 M rechts abheben, der Faden ist hinter der Arbeit

Zeichenerklärung B
☒ = kraus rechts in Weiß
☐ = glatt rechts in Blaumeliert
☑ = 1 M rechts abheben, der Faden ist hinter der Arbeit

Socken mit Eisbär

Größe 32/33

Material: Regia 4fädig, je 50 g in Blau Fb 1988 und Blaumeliert Fb 617 sowie Reste in Beige Fb 615, Weiß Fb 600 und Grau Fb 44.
1 Nadelspiel Nr. 2 bis 3 und 1 Sticknadel ohne Spitze.

Bündchenmuster: 1 M rechts, 1 M links im Wechsel stricken.

Glatt rechts: Hinr rechte M, Rückr linke M, in Runden nur rechte M.

Zackenmuster: Glatt rechts in Jacquardtechnik nach dem Schema stricken. M-Zahl teilbar durch 6.
Es ist jede Runde gezeichnet.

Maschenprobe: Glatt rechts 30 M und 42 R bzw. Runden = 10 x 10 cm.

Stickmotiv: Es wird nachträglich nach der Stickschrift mit Maschen- bzw. Stielstichen aufgestickt.

Stickschrift für den Eisbären

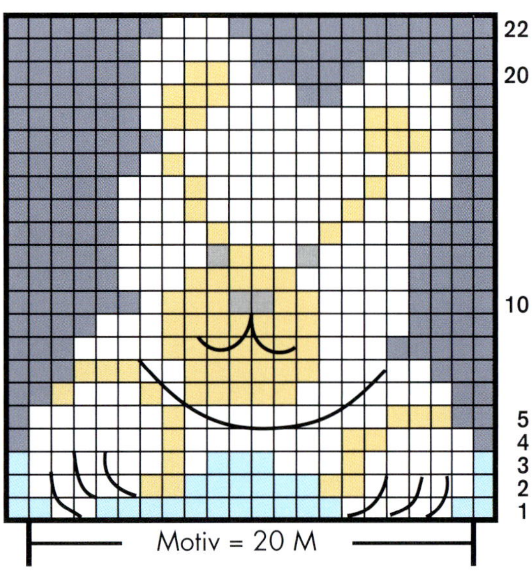

Schema für das Zackenmuster

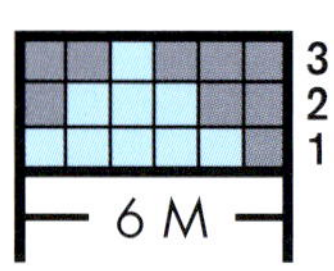

Zeichenerklärung
- ☐ = 1 M in Blaumeliert
- ■ = 1 M in Blau
- ☐ = Weiß (Stickerei)
- ☐ = Beige (Stickerei)
- ☐ = Grau (Stickerei)

Socken mit Eisbär

Größe 32/33

Material: Regia 4fädig, je 50 g in Blau Fb 1988 und Blaumeliert Fb 617 sowie Reste in Beige Fb 615, Weiß Fb 600 und Grau Fb 44.
1 Nadelspiel Nr. 2 bis 3 und 1 Sticknadel ohne Spitze.

Bündchenmuster: 1 M rechts, 1 M links im Wechsel stricken.

Glatt rechts: Hinr rechte M, Rückr linke M, in Runden nur rechte M.

Socken mit Hund

Größe 30/31

Material: Regia 4fädig, je 50 g in Gelb Fb 612, Grün Fb 2082, Rot Fb 2054, Braun Fb 2903, Natur Fb 1992 und Schwarz Fb 2066. 1 Nadelspiel Nr. 2 bis 3 und 1 Sticknadel ohne Spitze.

Glatt rechts: Hinr rechte M, Rückr linke M, in Runden nur rechte M.

Maschenprobe: 30 M und 42 R bzw. Runden = 10 x 10 cm.

Stickmotiv: Es wird nachträglich mit Maschen- sowie Stielstichen aufgestickt.

Anleitung
52 M in Grün anschlagen und 2 cm linke M stricken, dann weiter immer im Wechsel * 5 Runden in Gelb, 1 Runde in Rot, 5 Runden in Gelb, 1 Runde in Grün stricken, ab * wiederholen.
In 15 cm Höhe, nach 1 Runde in Rot, die Ferse in Rot arbeiten, den Fuß weiter in der Streifenfolge, die Spitze in Grün stricken.
Beide Socken gleich arbeiten.
Auf die äußeren Schaftseiten je einen Hund nach der entsprechenden Stickschrift mit Maschenstichen, Maul und Haare mit Stielstichen in Schwarz sticken.

Zeichenerklärung
☐ = Natur
☐ = Schwarz
☐ = Braun

Stickschrift für die linke Socke

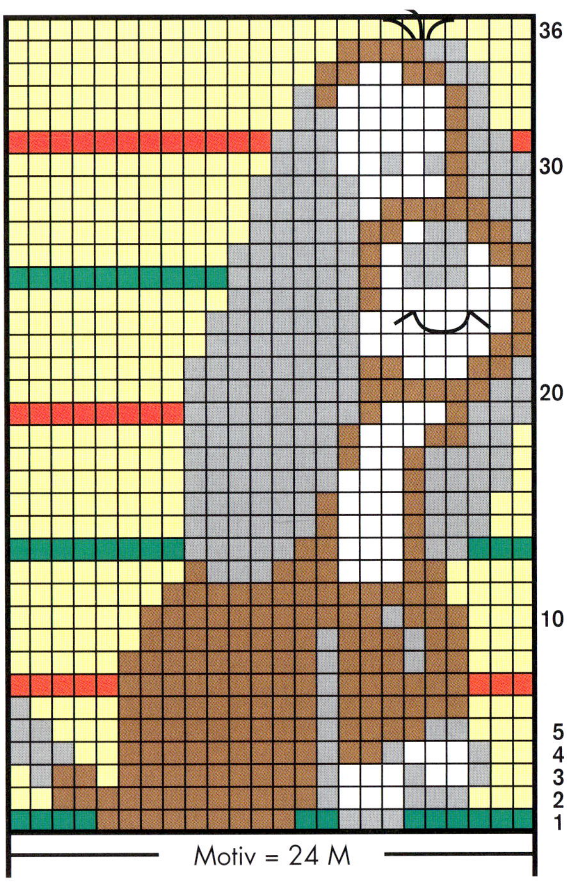

Stickschrift für die rechte Socke

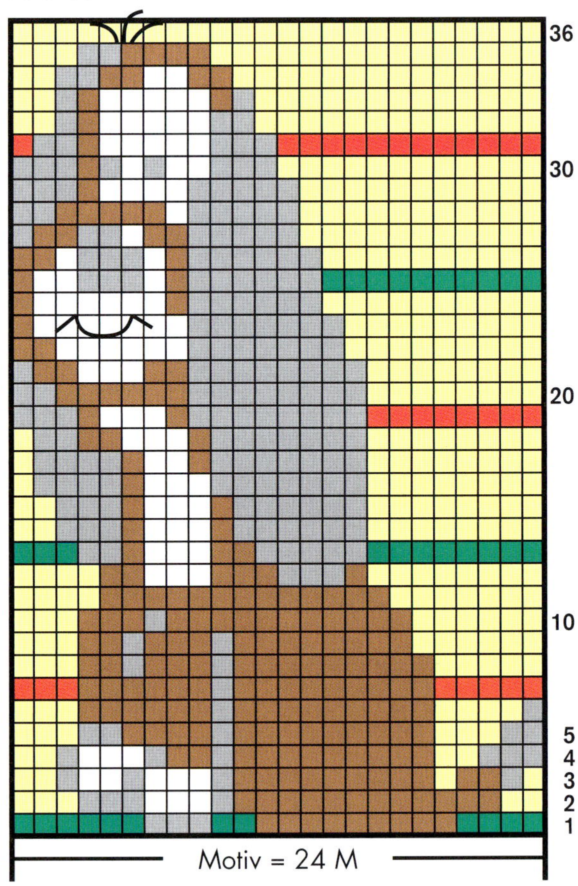

Socken mit Maus

Größe 26/27

Material: Regia 4fädig, je 50 g in Gelb Fb 2041 und Hellgelb Fb 2060 sowie Reste in Grau Fb 960, Natur Fb 2143 und Schwarz Fb 2066.
1 Nadelspiel Nr. 2 bis 3 und 1 Sticknadel ohne Spitze.

Glatt rechts: Hinr rechte M, Rückr linke M, in Runden nur rechte M.

Maschenprobe: 30 M und 42 R bzw. Runden = 10 x 10 cm.

Stickmotiv: Es wird nachträglich mit Maschen- sowie Stielstichen aufgestickt.

Anleitung
48 M in Gelb anschlagen und für die Mäusezähnchenkante 5 Runden rechte M stricken. In der folgenden Runde immer im Wechsel 2 M rechts zusammenstricken und 1 Umschlag arbeiten. Noch 5 Runden rechte M stricken, in der letzten Runde vor jeder M 1 M der Anschlagkante auf die linke Nadel heben und beide M rechts zusammenstricken.
Für den Schaft 12 cm in Hellgelb, dann die Ferse in Gelb, den Fuß in Hellgelb, die Spitze in Gelb stricken. Beide Socken gleich arbeiten.
Auf die äußeren Schaftseiten nach der entsprechenden Stickschrift je eine Maus mit Maschenstichen, alle Linien sowie die Umrandung mit Stielstichen in Schwarz sticken. Auf den Schaft rundum verteilt die Käselöcher mit Stielstichen in Gelb sticken.

Zeichenerklärung
▪ = Grau
□ = Natur

Stickschrift für die linke Socke

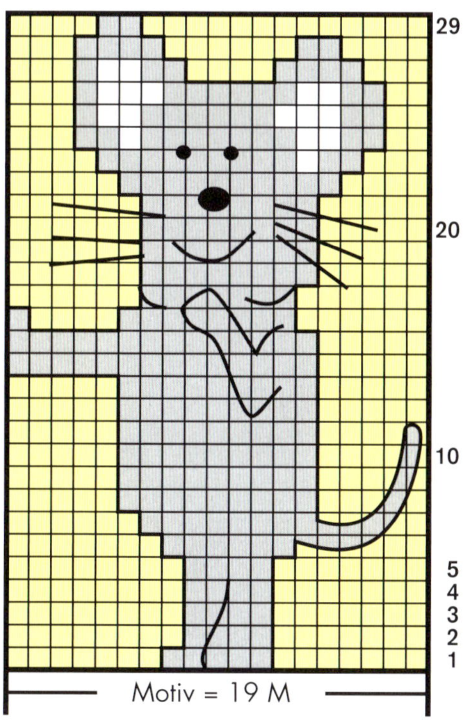

Stickschrift für die rechte Socke

Bezugsquellen

Garne
Schachenmayr-Wolle
Coats GmbH
Postfach 1254
73081 Salach

Knöpfe
Walter Fellmann GmbH
Postfach 101462
70013 Stuttgart
Nur im Fachhandel erhältlich

Ledersohlen
Schachenmayr-Wolle
Coats GmbH
Postfach 1254
73081 Salach

Die Deutsche Bibliothek – CIP-Einheitsaufnahme

Ein Titeldatensatz für diese Publikation ist bei Der Deutschen Bibliothek erhältlich

Die im Buch veröffentlichten Ratschläge wurden von Verfasserin und Verlag sorgfältig erarbeitet und geprüft. Eine Garantie kann dennoch nicht übernommen werden. Ebenso ist eine Haftung der Verfasserin bzw. des Verlages und seiner Beauftragten für Personen-, Sach- und Vermögensschäden ausgeschlossen.

Fotografie: Roland Krieg, Waldkirch, und Schachenmayr GmbH (Seiten 6, 7, 8, 10, 45)
Lektorat: Susanne Gugeler, Mering
Umschlagkonzeption: Kontrapunkt, Kopenhagen
Umschlaglayout: Dorkenwald und Dreher, München
Satz und Layout: kaltnermedia, Bobingen
Herstellung: Karin Kristen

Augustus Verlag München 2002

Reproduktion: kaltnermedia, Bobingen
Druck und Bindung: Appl, Wemding

Gedruckt auf 115 g umweltfreundlich chlorfrei oder elementar chlorfrei gebleichtem Papier.

ISBN 3-8043-1008-7

Printed in Germany